Hajo Schumacher

Papa, wie lang sind 90 Minuten?

Hajo Schumacher

Papa, wie lang sind 90 Minuten?

Das 1x1 der Fußballwelt

Karl Blessing Verlag

Mit Illustrationen von Susanne Kracht

2. Auflage

Umschlaggestaltung: Hauptmann und Kompanie
Werbeagentur München – Zürich, Andrea Glanegger
Umschlagillustration: © Susanne Kracht, München
Satz: Uhl + Massopust, Aalen
Druck und Einband: GGP Media GmbH, Pößneck
Printed in Germany
ISBN 10: 3-89667-284-3
ISBN 13: 978-3-89667-284-1

www.blessing-verlag.de

»Papa, wie lang sind 90 Minuten?«

»Manchmal zu lang, mein Sohn,
und manchmal zu kurz.«

Inhalt

Vorwort

Es ist ein Schlag für treu sorgende Eltern, wenn ihr Kind, der Sohn zumal, einen absurden Berufswunsch äußert. Beim ersten Mal dachten Mona und ich noch: Na ja, das vergeht. Karl wollte auch schon Pilot, Höhlenforscher oder Bam Margera werden, und nach ein paar Tagen hatte er es wieder vergessen. Bis wir merkten: Diesmal meint er es ernst. Zum ersten Mal plante er, strengte sich an, entwickelte Willen – und hörte nicht wieder auf. Plötzlich war unser Sohn so entschlossen, wie seine Eltern immer werden wollten.

Dürfen wir gegen seinen Berufswunsch sein, nur weil wir Disko-Luder, Rainer Calmund oder Miroslav Klose nicht für einen adäquaten Umgang halten? Wofür hatten wir all die Jahre in die musikalische Früherziehung (zweisprachig) investiert? Warum bis letztes Jahr die wöchentlichen Fahrten zum Kurs für kreatives Gestalten im Feng-Shui-Loft? Wozu die teuren Hosen, wenn sie nach 24 Stunden nicht mehr als solche zu erkennen sind? Sollte ein Kind der Generation Pisa nicht den klassischen Bildungskanon erwerben?

Ganz zu schweigen von den gesellschaftlichen Kollateralschäden: Hatten wir all den Aufwand betrieben, um am Ende in die Niederungen eines Fußballvereins hinabzusteigen? Müssten wir im Falle eines Erfolgs womöglich Mayer-Vorfelder die Hand schütteln? Spätestens dann würden sich die letzten Freunde von uns abwenden, die wenigen, die bis dahin überhaupt noch zu uns gestanden hätten.

Fußball. Mir graute davor. Fuß und Ball waren von der Natur nicht füreinander vorgesehen. Das wechselseitige Aufzählen von Mannschaftsaufstellungen der siebziger Jahre empfand meine *peer group* nicht als angemessenen Zeitvertreib. Die Lektüre des *Kicker* gab mir nichts außer dem Gefühl von Mitleid für Millionen von Männern. Bundesliga-Tipprunden gewannen ihre Attraktivität allein aus dem Gedanken an die lustigen Feiern am Ende einer Saison.

Andererseits: Fußball ist eine Boombranche. Weder Banken noch Musikindustrie, nicht Steinkohle, Automobilbau oder Wellnessbereich konnten in den letzten 100 Jahren auch nur annähernd mit den Zuwachsraten des Fußballs mithalten. Selbst über Jahre katastrophal geführte Klubs der Bundesliga melden Rekordabsätze für Dauerkarten, und die Vereine verzeichnen im Jugendbereich Neuanmeldungen wie nie zuvor.

Längst ist Fußball mehr als Sport. Was einst als unwürdige Schlammschlacht galt, steht heute für Höchstleistung und Erfolg, für Glamour und Reichtum, ist Teil einer globalen Popstar-Maschinerie. Nicht zu fassen, aber *Der Spiegel* und die Japaner finden Oliver Kahn toll. Dagegen kommt die US-amerikanische Profisport-Industrie weder mit Basketball noch mit American Football an.

Ist der Berufswunsch »Profi-Fußballer« vielleicht doch eine gute Idee, zukunftsfest und krisensicher? Letztlich werden wir Eltern ja alle von den gleichen Sorgen gequält: Wie steht es um die Zukunft unserer Kinder? Wie machen wir sie fit für ein Leben, das härter zu werden droht als unser eigenes, ein Leben voller Hartz und Globalisierung. Und mal ganz ehrlich: Wir hätten ja auch gar nichts dagegen, uns mit spätestens 50 in den Ruhestand zu verabschieden, um die Millionen zu verwalten, die unsere Kinder mit ihren Talenten verdienen.

Sollten wir also nicht besser hier und heute beginnen, die Welt des runden Leders, der hohlen Interviews und der Muskelfaserrisse zu durchdringen und die Welt der Kicker zu begreifen suchen, dieses geheimnisvolle Paralleluniversum, mit eigener Sprache, strengen Codes, verschlungenen Hierarchien und Regeln, die weitaus komplizierter sein können als Abseits?

Kinder und Eltern, die diese Gesetze nicht kennen, werden in den kommenden Jahren womöglich einen deutlichen Wettbewerbsnachteil verspüren. Jeder Fehler, den wir heute machen, kann sich in den nächsten Jahren zur Katastrophe auswachsen. Natürlich heißt

Erziehung immer auch Scheitern. Aber es muss ja nicht jetzt sein. Packen wir alle intellektuellen und ästhetischen Vorbehalte beiseite und sehen mit dem kühlem Blick des Rechners in die Zukunft: Wer Genie nicht in den Genen hat, wer keine Kart-Bahn sein Eigen nennt oder einen Tennisplatz im Garten, dem bleiben nur zwei Wege zu Geld und Ruhm: Einer ist die Popmusik. Aber wer möchte schon einen Küblböck zum Kind haben?

Also Fußball – außer Boxen und Drogenhandel der letzte sozialistische Weg zu Ruhm und Geld. Er steht allen offen. Über Schichten, Klassen, Nationen und Hautfarben hinweg gilt hier das ewige Gesetz: Entschieden wird auf'm Platz. Es gewinnt, wer schneller, schlauer, erfolgreicher spielt, egal, ob Ghetto-Lümmel oder Millionenerbe. Unerbittlich, zuweilen sogar unbestechlich, verwirklicht sich auf dem Rasen die Leistungsgesellschaft: Kickenkönnen kann man sich nicht kaufen, das hat man, oder eben nicht.

Die Gemeinschaft der Fußballer ist prototypisch für unser künftiges Zusammenleben. Sie repräsentiert die Schangsengesellschaft. Beim Anpfiff sind alle gleich, haben zwei Beine, einen Kopf und den Mittelfinger. Jeder kann es schaffen: der Unterprivilegierte, der physisch Ungewöhnliche, der psychisch Auffällige – Krummbeinige (Littbarski), Ungeschlachte (Hrubesch), Langweilige (Vogts), Einfaltspinsel (Seeler), Faule (Netzer, Beckenbauer), Großmäuler (Breitner), Verrückte (Kahn), Drogensüchtige (Daum) und sogar Mädchen (Möller, Beckham). Hier wird sich ja wohl ein Plätzchen finden lassen für ein Mitglied unseres Genpools?

Wir verabschieden uns also von »Jugend forscht« und »Jugend musiziert« und setzen ab sofort auf die Fußball-WM 2014, selbst wenn sich unser dann 20 Jahre alter Spross von einem graubärtigen Waldemar Hartmann interviewen lassen muss. Das würde man sich schon gefallen lassen für einen Vertrag beim FC Bayern, Chelsea oder zur Not auch bei Hertha BSC.

Und nun auf zum nächsten Verein. Nicht beirren lassen von Besserwissern. Dem Trainer Beine machen. Kicken ist unsere Mission. Was ein Effenberg, Klose, Ziege schaffen, das werden wir doch wohl allemal hinkriegen.

Fußball ist unser Leben

Wenn Archäologen in vielen tausend Jahren unsere Wohnung freilegen, dann werden sie uns für Anhänger einer merkwürdigen Sekte halten, einer, die Götzenbildchen verehrt, auf denen erwachsene Männer mit sehr dicken Oberschenkeln in kurzen Hosen und bunten Hemden zu sehen sind. Sie werden drei identische Hefte mit Panini-Klebebildern finden, weil unser Sohn Karl der Ansicht ist, dass die Stapel der doppelten und dreifachen Bildchen ein Zuhause brauchen.

Die Archäologen der Zukunft werden Trittspuren an so ziemlich jedem Gegenstand unserer Wohnung finden. Denn Karl betrachtet die Welt als Trainingslager. Kissen, allein stehende Schuhe, zusammengeknüllte Manuskriptblätter – alles Einladungen, um potenzielle Standardsituationen zu trainieren. Die Forscher werden sich fragen, warum hier jemand eine ganze Reihe von Schuhen mit seltsamen Knöpfen an der Sohle besaß, von denen nicht einer für normales Laufen gemacht war. Sie werden Fahnen aus buntem

Kunststoff finden, merkwürdige Tabellen an der Wand, *Kicker*-Jahrbücher und in Karls Zimmer jede Menge Rasenreste in den Ritzen der Dielen.

Die Archäologen werden uns für Verrückte halten. Zu Recht.

Am Tag, als der Fußball kam

Karl war für zehn Tage auf Klassenfahrt. Gesundes und pädagogisch wertvolles St. Peter-Ording. Seeluft, Wattwanderungen, Küchendienst. Wir würden einen gereiften Sohn zurückbekommen. In der Gruppe würde er Verantwortung und Rücksicht lernen, zugleich wird ihm der Luxus seines elterlichen Service-Betriebs bewusst werden. Seine gelegentlichen Anrufe gaben uns allerdings Anlass zu größeren Sorgen.

»Hi, ich hab nicht viel Zeit«, begann er.

»Wieso, geht ihr heute noch auf eine Exkursion?«

»Nein, viel schlimmer: Flori und Maxi und Tom liegen 3:2 vorn, und es ist nur kurz Pause, und ich muss da jetzt wieder hin ...«

»Wohin?« Die Frage verhallte ungehört. Karl hatte aufgelegt. Er hatte seltsam angespannt geklungen, aus der Puste und, soweit man das durchs Telefon beurteilen konnte, ausgesprochen dreckig. Allerdings auch ziemlich glücklich.

Zwei Tage später erfuhren wir mehr. »Wir haben heute gewonnen«, krähte Karl triumphierend in den

Hörer, »gegen die andere Klasse, die kamen aus Hamburg, 8:3. Ich war erst im Tor und hab keinen rein gelassen, und dann im Feld, und dann haben die anderen drei Tore geschossen, und dann bin ich wieder ins Tor, und dann haben wir gewonnen.«

Aha. Fußball also. Was wir für eine Bildungsreise gehalten hatten, entpuppte sich als Trainingslager. »Macht ihr auch noch was anderes?«, fragten wir interessiert.

»Ja, vorgestern waren wir im Wellenbad, da konnte man auf dem Parkplatz super Fußball spielen. Ich muss jetzt zu den anderen. Wir haben der Klasse aus Hamburg eine Revanche versprochen.«

Es war abends um halb neun. Das Kind müsste langsam ins Bett. Er klang erschöpft.

Als wir unseren Sohn ein paar Tage später in Empfang nehmen wollten, trauten wir unseren Augen kaum. Aus dem Reisebus purzelten fremde Jungs, die erst bei genauerem Hinsehen als unsere Kinder zu identifizieren waren. Vor zehn Tagen waren sie mit frischen, neuen Hosen und Turnschuhen losgefahren. 240 Stunden später sahen sie aus wie die Meuterer von der Bounty.

Was eine sündhaft teure Hose aus dem Sortiment eines edlen, amerikanischen Trend-Schneiders gewesen war, hing in speckigen textilen Streifen an den Beinen. Die Schuhe hatten durchweg eine Farbe zwischen Morast und Senf. Allein der Gedanke an den Geruch machte uns kurz bewusstlos. »Wir haben das

Turnier gewonnen«, krakeelte das verkrustete Wesen, das vergangene Woche noch unser Sohn gewesen war. Er ging komisch – breitbeiniger, kraftmeierischer. »Darf ich gleich noch auf den Hubi?«, feuerte er als Begrüßungsfrage ab.

Der Hubi heißt eigentlich Hubertus-Sportplatz. Ich ahnte, dass dieses Stück Rasen ab sofort das Elternhaus ersetzen würde. »Na gut«, sagte ich. »Oh, super«, sagte Karl, »können wir vorher zu Karstadt Sport. Zum Geburtstag wünsche ich mir übrigens Fußballschuhe und Stutzen und Schienbeinschoner, und vielleicht kann ich die ja schon vorher…« Die nachfolgende kurze Pause war nur der kräftigen Umarmung seiner Mutter zu verdanken, die Karl vorübergehend die Luft nahm. Mir schwante Ungemach.

Abends, Karl war nur mit Gewalt und zweimaligem Wasserwechsel zu reinigen gewesen, rief ich Ingo an, einen alten Kollegen. Ingo ist Fußballkenner. Er kam mit einem Hertha-Schal anstelle der Nabelschnur zur Welt, er hat in Berliner Auswahlen gekickt, er hat eine Kindermannschaft trainiert, er kann manchmal sogar Ergebnisse vorhersehen. Ingo ist kompetent.

»Karl will Fußball spielen«, sagte ich.

»Großartig«, sagte Ingo.

»Was muss er dafür können?«, fragte ich.

»Oooch«, sagte Ingo, »eigentlich nichts.«

Ich glaubte ihm nicht. Ingo gehört zu jenen Menschen, die auf der Straße ganz beiläufig eine verbeulte Coladose mit dem Fuß in die Luft befördern, auf dem Spann und dem Knie ein wenig tanzen lassen und dann gezielt in den Mülleimer kicken. »Hauptsache, er hat Spaß dran«, sagte Ingo. »Ihr müsst euch nur damit abfinden, dass euer Sohn suchtkrank ist, immer dreckig und kaum noch zu Hause.«

Ich habe damals leichtfertig gelacht, weil ich das für eine Übertreibung hielt.

FC 06

Ingo hatte nicht übertrieben. In wenigen Tagen hatte Karl alle Prophezeiungen erfüllt. Der Junge, den wir bis vor kurzer Zeit noch für schüchtern gehalten hatten, war gleich montags nach der Schule in die Geschäftsstelle des FC 06 gefahren, hatte sich nach den Trainingszeiten der D-Jugend erkundigt und uns nach der ersten Übungseinheit ein Merkblatt präsentiert, eine Einzugsermächtigung sowie die Feststellung, dass er der einzige sei, der in Turnschuhen antrete, und deswegen unkontrolliert über den Rasen rutsche. Meine Fragen nach dem didaktischen Konzept des Vereins, nach Ausstattung, sozialem Umfeld und pädagogischer Ausbildung der Übungsleiter verhallten ungehört.

Für Karl war klar, in welchen Verein er eintreten wollte: Es musste der FC sein. Dort spielte Tobi aus der Klasse über ihm. Und Tobi »ist Berliner Auswahl«, wie mein Sohn mir erklärte. Um genau zu sein: Tobi war einmal zu einem Sichtungslehrgang des Berliner Fußballverbandes eingeladen worden und seither nicht wieder. Aber Tobi war ein Mythos an Karls Schule, auch wenn er im letzten Winter ins Rheinland verzogen war.

»Wann krieg ich Fußballschuhe?«, war die Kernfrage, auf die sich alles reduzierte.

»Wenn wir wissen, ob Fußball der richtige Sport für dich ist.« Dem Kind Geduld beizubringen, war eines unserer obersten Erziehungsziele.

»Morgen nach der Schule«, sagte Karl.

»Das ist etwas überstürzt«, bremste ich.

»Aber er kann doch nicht in den Turnschuhen auf dem Platz rumlaufen«, warf Mona ein.

»In Brasilien oder in Afrika kicken sie barfuß«, entgegnete ich.

»Dann gehe ich auch barfuß zum Training«, drohte Karl, »und sage, dass mein Vater mir keine Fußballschuhe kauft.« Woher hatte der Junge nur diese Hinterlist?

Herr Neumann war Jugendwart beim FC. Offiziell arbeitete er beim Senat, aber in Wirklichkeit organisierte er Spiele, Schiedsrichter und Plätze für den FC. Herr Neumann war immer unter seiner Büronummer zu erreichen. Ein Job in der Berliner Bürokratie scheint ideal zu sein, wenn man nicht seine gesamte Freizeit hergeben will für telefonintensive Nebentätigkeiten.

Herr Neumann bestellte uns für Dienstag um 16 Uhr auf den Hubi. »Fragt nach Trainer Dieter«, hatte Herr Neumann gesagt. »Hat der Mann einen richtigen Namen«, erkundigte ich mich.

»Ja, Trainer Dieter«, sagte Herr Neumann.

Wir waren offenbar nicht die einzigen Neulinge an diesem Nachmittag. Während Karl sich zügig zur Mannschaft gesellte, von der er einige Spieler offenbar flüchtig kannte, versuchte ich eine Kontaktaufnahme mit dem Coach. Trainer Dieter war nicht das, was man einen Charmebolzen nennen würde. Auf meine Fragen nach Aufnahmeformular, Ausrüstung und Trainingszeiten entgegnete er nur mürrisch, das sehe man dann. Trainer Dieter nehme nicht jeden Spieler in sein Team auf, hieß es.

Während meine Sympathieoffensive vom Start weg stockte, kam eine Dame entschlossenen Schrittes auf Trainer Dieter zumarschiert, an ihrer Hand ein moppeliger Junge in gelbgrüner Fußballmontur, der ihrem Schritt kaum folgen konnte.

»Das ist Dennis«, sagte die Dame und senkte ihre Stimme. »Er ist ein Talent, ein Riesentalent«, wisperte sie. Dennis schaute zu Boden.

Er steckte im allerneuesten Dress der brasilianischen Nationalmannschaft, scharf zogen sich die Bügelfalten aus dem Sportgeschäft durchs Textil und über seinen strammen Bauch. An den Füßen trug er den Predator Pulse TRX FG von Adidas – 180 Euro das Paar, wie mir Karl später erklärte – ebenfalls frei von jeglichen Gebrauchsspuren.

Trainer Dieter guckte, als ahne er, dass ein Drama beginnen würde. »Hallo, Dennis«, sagte er langsam. »Hast du schon mal Fußball gespielt?«

Die Mutter erklärte: »Natürlich, in der Schule, als Auswechseltorwart. Und am Computer spielt er *Bundesliga-Manager*. Er weiß alles über Fußball.«

Schicksalsergeben sagte der Trainer: »Na gut, kannst mitmachen.«

»Mit den anderen?« Die Mutter war entsetzt.

»Ja, natürlich«, entgegnete Trainer Dieter, »Fußball ist Mannschaftssport.«

Selbstverständlich war die Mutter davon ausgegangen, dass ihrem Rohdiamanten Einzeltraining zuteil würde, mit Laktatmessung, Physiotherapeut und individueller Trainingsdiagnostik. Das hatte sie im Fernsehen gesehen.

»Paul, komm mal her!«, rief Trainer Dieter über den Platz. Ein Schlacks mit einem verwaschenen Hertha-Trikot kam angetrabt. »Paul, das ist Dennis. Kümmerst du dich bitte um ihn.« Paul nickte, die beiden trabten davon.

Karl tobte und johlte inzwischen mit den anderen Spielern über den Rasen.

»Und jetzt?«, fragte die Mutter.

»Jetzt können Sie Besorgungen machen oder Kaffee trinken gehen. Ihr Sohn ist hier gut aufgehoben«, versicherte Trainer Dieter.

»Das will ich erst mal sehen. Ich bleibe hier.« Sie stapfte auf ihren teuren Noppen zur Außenlinie, wo sie mit verschränkten Armen Posten bezog.

Nach wenigen Minuten war es Trainer Dieter und selbst einem Laien wie mir klar, dass Dennis, der

Rohdiamant, mit Brasilianern allenfalls die Vorliebe für Süßspeisen gemein hatte. Er keuchte nach wenigen Schritten, traf den Ball nach dem Zufallsprinzip, mähte eher aus Ungeschick denn aus Bosheit reihenweise Mitspieler um. Noch vor Ende des Trainings fiel er mit hochrotem Kopf in den Rasen und blieb liegen. Wütend eilte die Mutter herbei. »Sie haben überhaupt keine Ahnung von Fußball«, fauchte sie und hob ihren Sohn auf. »Sie machen jedes Talent kaputt. Komm Dennis, wir gehen zu Hertha.« Erleichtert blickten Trainer und Mannen beiden hinterher.

Es war gut, dass Ingo uns vor Karls erstem Training ein paar Grundregeln eingeschärft hatte.

Erstens: Fußballer sind Traditionsmenschen, die sich gegenseitig und selbst Frauen mit Handschlag begrüßen, immer, unter allen Umständen. Niemals werden vorher substanzielle Information ausgetauscht.

Zweitens: Demonstrativ vorgetragene Ehrfurcht vor dem Trainer. Das ist es doch, warum er diesen unbezahlten Job macht, was ihn ewige Nachmittage und ganze Wochenenden mit schlecht erzogenen Balgen in prasselndem Eisregen aushalten lässt: Respekt. ER ist der Boss, er lässt sich nicht reinquatschen – von Eltern schon gar nicht. Er ist es, der sich ganz allein ein Bild vom Können eines Kindes verschafft, schon aus Eigennutz. Jeder Coach träumt davon, einen Superstar zu entdecken oder zumindest Verstärkung für sein Team.

Drittens: Wer sein Kind in auffällig teuren Fußball-

Sachen zum ersten Training in einen neuen Klub bringt, lässt dem Nachwuchs nur eine Chance: Er muss so gut spielen, wie es die Verpackung verheißt. Sonst macht er sich lächerlich.

Wir hatten ein paar schwerwiegende Fehler also nicht gemacht. Dank Ingo.

Als die Jungen am Ende des Trainings in Richtung Kabinen trabten, näherte ich mich devot dem Trainer. »Die Jungs haben ja viel Spaß«, schnurrte ich.

Trainer Dieter stieß ein Grunzen aus. »Karl kann mitmachen«, raunzte er. »Aber er braucht Fußballschuhe.«

Im Sportgeschäft

Karstadt Sport mag ein Universum sein, aber bisher kannte ich davon nur eine Galaxie. Ich gehe eigentlich immer nur nach oben, in den zweiten Stock, wo die Outdoor-Klamotten hängen. Wer Goretex-Jacken mit Wolfspfoten-Abdruck trägt oder atmungsaktive Hosen mit eingerolltem Fuchs als ledernem Markenzeichen, der signalisiert seinen Mitmenschen: Hier steht ein Draußen-Kerl, Grizzly-Töter, stählerner Naturbursche, Spinnenanfasser, Himalaya-Besteiger, Feuer-in-strömendem-Regen-ohne-Streichhölzer-Anmacher. Aber kein Weichei. Außerdem haben sich die Produkte von Expeditionsausrüstern als gerade stabil genug erwiesen, um länger als zwei Wochen an Heranwachsenden zu halten.

Heute zog Karl mich ins Erdgeschoss, das ich bislang nie wahrgenommen hatte, in eine Ecke. Eigentlich war es das halbe Geschoss, ein weitläufiges Verkaufsgelände. Von einer Wand leuchteten nur Fußballschuhe, 70, 80 Modelle. Gegenüber unzählige Trikots: Deutschland, Italien, Manchester United, Hertha

BSC, Union Berlin und 1000 andere. Trainingsanzüge. Kurze Hosen. Schienbeinschoner. Bälle. Wimpel. Wer sollte all diesen Krempel kaufen? Ich blickte mich um. Überall stand die Antwort: Väter mit Söhnen. Jeder drehte einen Schuh in der Hand, knetete Trikotstoff zwischen den Fingern oder streichelte die Kunststoffoberfläche eines Fußballs. Sie alle sahen ziemlich entrückt aus.

»Ich brauche den Nike 90«, sagte Karl, »mit seitlicher Schnürung. Den haben alle in der Mannschaft.« Aha. Nike also. War das nicht dieser zauselige Ami, der seine Akkordschuhnäher in Vietnam mit Hungerlöhnen abspeiste?

»Warum nicht Adidas?« Das ist ein solider DAX-Wert, die Marke, mit der Fritz Walter Weltmeister wurde, Franz Beckenbauer und Andi Brehme.

»Höchstens noch Puma«, entgegnete Karl.

»Was ist der Unterschied?«, fragte ich.

»Das ist die bessere Marke«, erklärte mein Sohn. Aha.

Ein Verkäufer nahte o-beinig. Fußballer, jede Wette. »Erkan«, stand auf seinem Namensschild. »Wisst ihr schon …«, hob er an.

»Den Nike 90 in Silber, Größe 40 ½«, sagte Karl, »habt ihr den da?« Warum duzt sich mein Sohn mit einem wildfremden Halbstarken?

»Moment, ich frag mal«, sagte Herr Erkan und flüsterte in ein Mikrofon, das mit einem Bügel vor seinem Mund angebracht war, so wie bei Kylie Minogue.

Wahrscheinlich eine Attrappe, die nur den Zweck hatte, Jungen wie Karl zu beeindrucken. Den Trick hatten Marketing-Heinis ausgeklügelt, um die Autorität der begleitenden Eltern zu untergraben.

»Kommt gleich«, versprach Herr Erkan. »Wo spielst du denn?«

»FC 06.«

»Super-Klub«, sagte Herr Erkan, »toller Platz, tolle Jugendtrainer.« Er nickte mir anerkennend zu. Ganz billiger Trick, mein lieber Herr Erkan. So einfach lasse ich mich nicht umgarnen. Als ob ich nicht ahnte, dass Verkäufer nur die Provision für die überteuerten Treter abgreifen wollen.

Ich griff wahllos einen Adidas-Schuh aus dem Regal und suchte das Preisschild: 145 Euro. Die spinnen doch. Vorsichtig stellte ich das kostbare Teil zurück. Der Mann neben mir taxierte mich von oben bis unten, als wolle er fragen: Kannste dir etwa keine ordentlichen Fußballschuhe für deinen Jungen leisten?

Blödmann. Das ist keine Frage des Könnens, sondern eine des Wollens. Der Kerl tatschelte seinen Sohn. Der hatte gerade genau dieses Luxusmodell am Fuß

und ließ einen Fußball auf seinem Knie hüpfen, dann auf der Stirn und zurück auf den Spann, wo er wie magnetisch liegen blieb. Angeber. Höchstens ein Jahr jünger als Karl. Solche dämlichen Zirkusnummern haben wir nicht nötig. Wir spielen schnörkellos, gradlinig, klassisch eben. Aber erfolgreich.

Ich zog einen anderen Schuh aus dem Regal. Marke? Nicht ersichtlich.

»Unsere Hausmarke«, sagte eine Stimme neben mir. Herr Erkan stand mit einem Karton unter dem Arm hinter mir, »45 Euro. Super Qualität für den Preis. Echt.«

Herr Erkan hatte die Angewohnheit, zu viel, vor allem aber zu laut zu sprechen. Etwa ein Dutzend Väter drehten sich um und schauten mich sehr, sehr lange an. Versager, sagten sie wortlos, Rabenvater, Ahnungsloser, Kinderquäler, Hungerleider, Talentzerstörer.

»Der hat aber keine Boost-Power-Control-Zwischensohle«, bemerkte ich, ebenfalls zu laut.

»Nein, nicht für den Preis«, sagte Herr Erkan.

»Dann können wir den vergessen«, erwiderte ich. Die anderen Väter wandten sich wieder ihren Trikots, Schuhen und Bällen zu. Gerettet. Weiß der Teufel, was Boost-Power-Control ist. Es stand auf dem Plakat an der Wand.

Karl bohrte sich mit seinen grauen Socken, deren feuchte Flecken an Ballen und Spann nur bei sehr genauem Hinsehen auffielen, in die Schuhe aus Vietnam. »Die hat Flori auch«, sagte er. Ja, ja, Flori hat immer alles: die teuersten Schuhe, ein Handy, alle Computerspiele. Karl kämpfte mit der seitlichen Schnürung. Die viel zu lange Lasche hing traurig herab. Falsche Größe, falsche Form, falsche Farbe – das Ding aus Vietnam sah nicht mal entfernt aus wie ein Fußballschuh. »Super«, sagte Karl. Mit wackeligen Knien stand er auf und versuchte, einen Ball mit der Schuhspitze unter dem Hocker hervorzuholen. Doch die Kugel verweigerte sich beharrlich.

Der Bengel nebenan trabte mit einem Ball am Fuß ein Stück durch die Regale, zog das Leder mit der Spitze hüfthoch nach links, wackelte mit dem Oberkörper, brachte den Ball mit dem linken Knie zurück nach rechts, wo er sanft am Spann kleben blieb. »Guck mal, der kann den Ronaldinho-Trick«, sagte Karl ehrfürchtig.

»Toll«, meinte ich, »den kannst du bestimmt auch bald, wenn wir noch etwas üben.« Ich ahnte, was Karl jetzt dachte: Wieso wir? Ich brauche doch jemanden, der mir den Trick zeigen kann.

Herr Ronaldinho darf sich nicht wundern, wenn er eines Morgens samt seines sehr schicken, sehr teuren Sportwagens auf dem Weg zum Training einfach, paff, in die Luft fliegt, weil ein verzweifelter Vater ihm eine Sprengladung mit Zeitzünder unter seine Angeber-Karre geschraubt hat. Herr Ronaldinho macht mit seinen kindischen Ballspielereien Millionen von Vätern zu Idioten, weil er besonders eindrucksvoll vorführt, was Familienoberhäupter nicht können.

Karl angelte immer noch vergeblich mit der Fußspitze nach dem Ball. Tolle Schuhe. Man kriegt damit nicht mal einen Ball unter einem Hocker hervorgezaubert. Karl nahm die Hand. »Super«, sagt er wieder und zirkelte den Ball schnurgerade in die Kartonstapel unserer Nachbarn: »Total super.«

Herr Erkan drückte seinen Daumen vorn in den Schuh. »Passt perfekt«, sagte er.

»Echt super«, sagte Karl noch einmal. Natürlich dachte er nur an morgen, wenn er Flori die neuen Schuhe zeigen konnte. Ob sie passten, ob man damit kicken konnte – völlig wurscht. Diese Schuhe waren Statussymbole, und dabei sollten sie Arbeitsgeräte sein.

»Optimale Ballkontrolle«, sagte Herr Erkan anerkennend, nachdem Karl das Leder in einem Ständer mit Kahn-Trikots versenkt hatte. »Was Besseres kriegen Sie nicht unter 100 Euro«, merkte Herr Erkan an und flüsterte zu mir: »Die Trainer legen viel Wert auf Kinder mit professionellen Schuhen …«

Ich spürte, wie sich die Blicke der anderen Väter in meinen Rücken bohrten. Es gab kein Entkommen. Wir gingen gemeinsam zur Kasse. Letztendlich hilft es den Vietnamesen ja auch gar nichts, wenn ich ihre Produkte nicht kaufe.

»Sie spielen nicht Fußball, oder?«, fragte Herr Erkan lauernd.

»Nein«, sagte ich, »Bänder, Knie, alles hin. Jetzt nur noch ein bisschen Laufen.«

Herr Erkan verneigte sich ehrfürchtig. »Kein Wunder, dass Sie so fit aussehen.« Er schüttelte mir die Hand zum Abschied und klopfte Karl auf die Schulter. »Viel Spaß mit den neuen Schuhen«, wünschte er. Schön, wenn man sich auf die kompetente Beratung eines Fachmanns verlassen kann.

Wir waren schon fast an der Tür, als unser Freund Erkan hinter uns herrief: »Trikot, Hose, Schienbeinschoner, habt ihr alles, oder?«

Karl hatte eine Turnhose und stapelweise T-Shirts. Das würde für den Anfang doch wohl genügen. Karl rief zurück: »Nein, leider nicht«, natürlich viel zu laut.

Die ersten Väter sahen aus, als wollten sie sich schon wieder umdrehen. Karl machte kehrt und zog mich hinter sich her Richtung Erkan. »Habt ihr auch Kunstrasenschuhe?«, fragte er ihn. Kunstrasenschuhe? Was soll das denn jetzt auf einmal? Welcher Kunstrasen überhaupt? Fußballschuhe sind Fußballschuhe oder etwa nicht?

»Klar, haben wir«, zischte die Schlange Erkan lächelnd. In den nächsten 20 Minuten war eine deutsch-türkische Gangsterbande damit beschäftigt, einen rechtschaffenen, hart arbeitenden Familienvater brutalstmöglich auszurauben. Unentwegt warfen sie sich Begriffe zu, mit denen ich nichts anfangen konnte. »Stutzen« kannte ich nur aus Karl May, »Dry fit«

klang nach Babywindel, »Uhlsport« hatte ich immerhin schon mal im Fernsehen gesehen.

Als Karl mich erneut zur Kasse zog, folgte uns ein schwankender Haufen von Kartons, Tüten und Packungen. Irgendwo darunter steckte Herr Erkan und hatte wahrscheinlich Mühe, sein Lachen zu unterdrücken. Endlich hatte er wieder einen ahnungslosen Trottel gefunden, dem er seinen überteuerten Fernost-Ramsch andrehen konnte. Tapfer schob ich meine Kreditkarte über den Tresen. Immerhin war die Summe nicht vierstellig.

Als wir das Gauner-Geschäft verließen, sah ich einen Vater, der ein paar 45-Euro-Fußballschuhe aus dem Regal zog. Ich schenkte ihm einen mitleidigen Blick. Denn Herr Erkan hatte das neue Opfer bereits angefallen. »Guter Schuh, für das Geld«, hörte ich ihn sagen, »unsere Hausmarke ...«

Lesen

Seit Karl im Fußballfieber ist, liest er auf einmal die Tageszeitung. Als ordentliche Bildungsbürger haben wir die *FAZ* und die *Süddeutsche* im Abo. Aber beide Blätter verschmäht Karl. Die Sportberichte sind zu lang, zu kompliziert, und die Fotos zu klein. Es gibt keine übersichtlichen Mannschaftsaufstellungen und auch keine Statistiken. Karl liest die *Bild am Sonntag*, die ich immer elegant in die *FAS* einrolle, wenn ich den Kiosk verlasse.

Neulich hat Karl in der *Bild am Sonntag* gelesen, dass beim HSV jeder Spieler seinen Song hat. Schießt er ein Tor, ertönt im Stadion sein Lieblingslied. »Ich nehm ›Numb‹ von *Linkin Park*«, hat Karl gesagt.

Jetzt muss er nur noch ein Tor für den HSV schießen.

Nutella

Neulich, in unserem Stammsupermarkt, war Karl plötzlich verschwunden. »Ich brauch neues Müsli«, waren seine letzten Worte gewesen. Mein Augenrollen hatte er schon nicht mehr mitbekommen. Denn das, was Karl »Müsli« nennt, ist eigentlich nichts anderes als eine Packung Schokoladenraspel mit einer homöopathischen Dosis Haferflocken.

Kevin Kuranyi ist schuld daran, dass Karl Schokolade für ein ganz normales Frühstück hält. Und Arne Friedrich. Und Andreas Hinkel. Und Benjamin Lauth. Und Nutella. Die vier Nationalspieler albern im Fernsehen um ein Glas Nutella herum. Leider ist es manchmal sogar witzig. Die Botschaft ist anarchisch für jede Familie, die Wert auf bewusste Ernährung legt: Nationalspieler ernähren sich praktisch ausschließlich von der braunen Klebe, lautet sie. So zerstören vier Fußballer alles, was man dem Kind über den bösen Zucker und das liebe Vitamin auf die Festplatte zu brennen versucht hat.

Noch nie hat man einen Fußballer im Fernsehen

einen Apfel essen sehen. Wahrscheinlich steht im Vertrag mit Nutella eine Klausel: Sollte der Spieler jemals mit einem Stück Obst oder Gemüse in der Öffentlichkeit erwischt werden, muss er eine Million Euro Konventionalstrafe bezahlen. Und in ihren Handgelenkstäschchen tragen die Spieler immer ein Reise-Nutella-Brot mit sich, chemisch aufwendig für alle Klimazonen präpariert, damit es auch bei 35 Grad im Schatten noch lecker aussieht und nicht tropft. Und das müssen sie immer hervorziehen, sobald eine Kamera naht.

Irgendwann wird sich der erste Nationalspieler einen braunen Fleck in den Mundwinkel tätowieren lassen. Und der DFB wird verbreiten, dass die Spieler in der Pause Nutella-Infusionen gelegt kriegen. Es wird Zeit, dass auf die Gläser Warnhinweise gedruckt werden müssen. Gute Leistungen beim Fußball haben nichts mit Nutella-Konsum zu tun, sondern mit Training, mit Talent, mit Ehrgeiz.

Die Geschichten im Fernsehen erzählen genau das Gegenteil. Am Morgen erst mal eine Stulle mit richtig satt brauner Schmiere drauf, und schon landet der nächste Freistoß aus 33 Metern direkt unter der Latte. Die Spots funktionieren immer gleich: Nur Nutella haben sie alles zu verdanken, was sie im Leben erreicht haben. Nutella hat aus ihnen gute Fußballer gemacht, dufte Kumpels, smarte Typen, perfekte Menschen.

»Arne Friedrich ist echt nett«, findet Karl, auch

wenn er den Hertha-Spieler noch nie getroffen hat. Aber er tollt so lustig mit Kuranyi und den Kumpels aus der Nationalelf über den Platz, und hinterher essen sie Nutella-Brote und machen Scherze. Karl findet, dass weder Leistungssport noch gute Laune ohne Nutella überhaupt möglich sind.

Sich gegen die Überzeugungskraft des Werbefernsehens zu stemmen, ist so vielversprechend wie der Versuch, einen berstenden Staudamm mit einem ausgelutschten Kaugummi zu stopfen. Neulich hat Karl nutella.de entdeckt. Im Steckbrief von Kuranyi steht nach Größe (190 cm), Gewicht (80 kg) und Schulabschluss auch »Nutella-Esser seit …«. Antwort: »seit vier Jahren«. So, als sei das ein wichtiges Datum im Leben eines Fußballers, der Tag, an dem er überhaupt erst anfing, mit dem Ball am Fuß zu laufen und das Tor zu treffen.

Von Arne Friedrich gibt es einen Nutella-Werbespot, in dem er gefragt wird, wie es kam, dass er ein so guter Verteidiger werden konnte. Da denkt der Fußballer zurück an seine Kindheit, als er sich am Frühstückstisch das Nutella-Glas schnappte, vor allen anderen Kindern davonrannte und es gegen ihre gierigen Angriffe verteidigte.

Mythen, die früher über Jahre hinweg durch Mund-zu-Ohr-Propaganda entstanden, werden heute von der Werbeindustrie produziert. Und Karl glaubt sie.

Andererseits weiß er, dass seine Eltern den Verzehr von Nutella aus grundsätzlichen Erwägungen ablehnen. Deswegen sagt er, sobald ein Nutella-Spot im Fernsehen kommt, und er kommt oft, ganz automatisch: »Die wollen uns doch nur ihr fettes, braunes Zuckerzeug verkaufen.«

Den Satz hat er von mir. Er meint ihn nicht ernst. Er sagt ihn nur mir zuliebe. Wahrscheinlich denken Kinder, dass Erwachsene pausenlos gesellschafts-, kapita-

lismus- und ernährungskritische Dinge sagen, wenn sie bei Rotwein, Weichkäse und Erdnüssen unter sich sind. Und wenn man diese Sätze einfach nachsabbelt, glauben sie, dann kann man sich die Sympathie der Großen erschwatzen.

Manchmal belauert mich mein Sohn auch. Er wartet auf einen winzigen Augenblick des Kontrollverlusts, darauf, dass ich über einen Nutella-Spot grinse, vielleicht sogar lache. Aber ich verbeiße mir mühsam das leiseste bisschen Freude. Nutella ist Fett. Nutella macht dick. Nutella hat Zucker. Nutella ist böse. Warum gibt es im Naturkostladen kein Nutella? Eben.

Das Problem an der Nutella-Verschwörung ist, dass sie es Eltern so verdammt schwer macht, nicht zu grinsen. Denn in Wirklichkeit sind die Spots nicht schlecht. Manche sind sogar witzig, richtig sympathisch. Eigentlich möchte man mit Kevin, Andy, Arne und Benny im lichtdurchfluteten Frühstücksraum der Sportschule Malente sitzen und mitalbern. Vor allem möchte man was von ihrem Nutella haben.

Weil es bei uns aus weltanschaulichen Gründen kein Nutella gibt, weicht Karl auf Schoko-Müsli aus. Oder übernachtet bei Freunden, in deren Haushalt keine Lex Nutella herrscht. Wahrscheinlich ist Nutella der einzige Grund, warum er mit uns widerspruchslos in den Urlaub nach Italien fährt. Denn in Italien kann man Nutella nicht verbieten. Dort ist es ohnehin überall, in Brötchen, im Eis, demnächst wahrscheinlich auch auf Pizza, Nudeln und in Senf.

Jeden Sommer muss ich Karl aufs Neue erklären, dass ich nur Spaß mache, wenn ich ihm das Nutella-Glas morgens vor der Nase wegschnappe. In Wirklichkeit bin ich natürlich genauso scharf auf das Zeug wie mein Sohn. Aber das kann man einem Kind doch nicht sagen.

Wasserscheu

Neulich haben wir Oliver Kahn im Fernsehen verfolgen dürfen, wie er mit einer Art Herrenhandtäschchen unterm Arm und nass gekämmten Haaren aus der Kabine kam. Der Mann, der sich von Berufs wegen täglich im Dreck suhlt, sah ausgesprochen frisch geduscht aus; wahrscheinlich umgab ihn eine Wolke exquisiten Parfüms, die unvorbereiteten Zeitgenossen die Tränen in die Augen treiben würde. Fußballer haben offenbar durchgängig verstopfte Nasen. Oder einen massiven Riechschaden infolge jahrelangen Inhalierens von konzentrierten Duftstoffen in luftdicht verschlossenen Umkleidekabinen.

Karl riecht nie so, wenn er nach dem Spiel aus der Kabine kommt. Er sieht auch nie frisch geduscht aus, sondern genauso rotwangig wie drei Minuten zuvor, als er ziemlich verschwitzt und verdreckt in die Kabine gestiefelt war. Dabei hat er alles dabei in seiner Sporttasche: Badeschlappen, die coolen von Nike, die die Hertha-Spieler auch haben, ein DFB-Handtuch für die Füße und ein flauschiges Milan-Handtuch für die oberen Körperteile, dazu ein Duschgel, das farblich und vom Flaschendesign her aus dem gleichen Chemielabor stammen muss wie elektrolythaltige Sportgetränke.

»Warum duschst du nicht?«, frage ich.

»Niemand duscht«, antwortet mein Sohn.

»Warum nicht. Ist doch sehr praktisch da bei euch«, sage ich.

»Weiß nicht«, sagt Karl, »keiner hat Bock. Wir sind ja auch gar nicht dreckig.«

»Dein Handtuch spricht eine andere Sprache«, entgegne ich.

»Ist auf den Boden gefallen«, sagt Karl.

Er flunkert, wenn auch noch nicht ganz so überzeugend wie seine Mutter. In Wirklichkeit reiben die Bengel sich mit ein wenig Wasser die Gras- und Dreckflecken von den Knien, um wenigstens die Illusion zu erzeugen, dass sie sauber seien, wenn sie in ihre Klamotten steigen. Manche behalten sogar ihre Sporthosen an unter der Jeans. Das Handtuch sieht natürlich aus, als sei eine Büffelherde darüber getrabt.

Wahrscheinlich ist es die kollektive Nacktheit, die eine Horde von Zehnjährigen abschreckt. Die größeren haben schon Schamhaare, die kleineren noch nicht. Und beide schämen sich dafür. Vielleicht sollten sie erst mal in Badehose üben. Wo bleibt das Ratgeberbuch: *Jedes Kind kann in der Gruppe duschen* – über Generationen ein garantierter Bestseller.

»Guck mal, ein echter Fußballprofi duscht immer

nach dem Spiel«, sagte ich, als wir Kahn mit seinem Herrenhandtäschchen aus der Kabine kommen sahen.

»Die Großen, die schwitzen ja auch viel doller«, sagte Karl. »Kinder schwitzen nicht so viel und riechen nicht. Hast du selbst mal gesagt.«

»Dann riech mal an deinen Socken«, sagte ich.

»Die wechsle ich ja auch«, entgegnete er.

»Aber erst seit ein paar Wochen.«

»Vorher haben sie ja auch noch nicht gerochen.«

»Das bedeutet also, dass du anfängst zu stinken, oder?«

»Aber nur ganz langsam.«

»Und ab wann ist es so schlimm, dass du nach dem Training duschen gehst?«

»Wenn ich groß bin.«

»Du bist schon ganz schön groß. Wann bist du groß genug?«

»Vielleicht in der C-Jugend.«

»Versprochen?«

»Mal sehen.«

Na, immerhin. In gut zwei Jahren duscht mein Sohn nach dem Training. Vielleicht.

Schauspielschule

Neulich, nach dem Abendbrot, ertönt ein Besorgnis erregendes Rumpeln aus Karls Zimmer. Ungefähr so, als ob sein Regal umgekippt sei und unseren Sohn erschlagen habe. Da. Da war es noch mal. Ich öffne vorsichtig die Tür. Karl liegt am Boden, hat ein Bein angezogen, hält sich das Knie mit beiden Händen und wälzt sich auf dem Teppich, der die Farbe beige hatte, bevor Karl begann, mit seinen Fußballschuhen darüber zu laufen. »Was ist?«, rufe ich, »hast du dir wehgetan?«

Karl blickt auf. »Alles klar, Paps«, sagt er, »ich übe nur Gefoultwerden.«

Borkowitz

Es gibt eine Sorte Deutsche, die stirbt nie aus. Früher waren sie Blockwart oder Abschnittsbevollmächtigter. Noch früher, bei den Neandertalern, sind sie schon durch die Höhle gestreift und haben Kinder ausgeschimpft, die ausgelutschten Mammutspeck auf den Boden gespuckt haben. Meckern, mosern, maulen, das ist ihr Lebensinhalt.

Heute wird diese Sorte Platzwart. Borkowitz ist so einer. Dauernd muffelig, stets in eine bitterdumpfe Wolke aus Bier, Motoröl und geschnittenem Rasen gehüllt und immer in einer speckigfleckigen Jogginghose unterwegs. Wenn Karl den Platzwart Borkowitz nur von weitem sieht, zuckt er schon zusammen. »Da kommt Borkowitz«, sagt er dann hektisch.

»Ja und«, erwidere ich, »soll er doch. Hast du was ausgefressen?«

Karl schüttelt den Kopf. »Nein, aber er meckert trotzdem immer.«

Borkowitz ist eine Panikmaschine. Die Fußballer müssen seine Nähe nur ahnen, um automatisch ein schlechtes Gewissen zu bekommen.

Schlimmer als Borkowitz ist nur Borkowitzens Frau Gertrud. Auf dem Kopf trägt sie eine Kreuzung aus Wischmopp und Flokati, die sie sich in Heimarbeit überm Waschbecken gefärbt hat: Den getigerten Grundton durchwirken siebzehn verschiedene Rotschattierungen. Sie ist eine Furcht einflößende Erscheinung, die letzte Frau in zivilisierten Breiten, die noch Lockenwickler trägt. Ihr kunstfaserner Freizeitanzug stammt aus dem Sortiment eines Second-Hand-Albaners von einem Freiluftmarkt unweit der osteuropäischen Grenze und war mal lila, mit neongrünen Applikationen. Um ihren kräftigen Hals trägt Frau Borkowitz an einem Band mit RTL-Werbung ein Handy, das beeindruckende Platzwart-Schlüsselbund und ihre Dame-Edna-Brille. Damit sieht sie aus wie ein Ork aus *Herr der Ringe,* sagt Karl. Orkowitz. Zum Glück hinkt sie. So haben die Jungs immer noch die Chance wegzulaufen.

Ein Borkowitz muss nur einmal kurz knurren, dann stehen die Jungs angstgelähmt stramm. Wehe, sie klopfen sich den Dreck nicht gründlich aus den Fußballschuhen, und zwar draußen, vor der Kabine. Wehe, eine Bananenschale landet nicht vollständig im Mülleimer, sondern bleibt nur einen Millimeter über dem Rand hängen – dann ist ein Donnerwetter fällig, das bis nach Pankow zu hören ist. Sollte er mal nicht den Schuldigen anraunzen, dann winkt Borkowitz nur lässig ab: Egal, sagt er, trifft sowieso nie den Falschen.

Borkowitz ist deswegen so gefürchtet, weil er praktisch ein Berufsverbot aussprechen kann. Kaum raunt er: »Wenn ich dich noch einmal mit solchen Drecklatschen in der Kabine erwische, dann fliegst du vom Platz«, bricht sofort Panik aus. Es gibt nur eine Steigerung, und die lautet: »Ich sorg dafür, dass du Platzverbot in ganz Berlin kriegst.«

Im Verein kursiert die Geschichte, wie der Vater von Borkowitz in den sechziger Jahren einen B-Jugend-Spieler bestrafte, der nach einer Niederlage vor Wut ein Brett von einer Bank in der Kabine zertreten hatte. Angeblich hat Borkowitz senior einen Steckbrief des Spielers an all seine Platzwart-Kollegen verteilt. Der Junge wurde nie wieder auf einem Berliner Spielfeld gesehen.

Das Ehepaar Borkowitz ist alterslos und seit Menschengedenken Platzwart auf dem FC-Gelände. Sie haben keine Kinder und machen auch nicht den Eindruck, als hätten sie sich je welche gewünscht. Sie hatten ja immer reichlich. Die Legende will es, dass ihre Eltern, Flüchtlinge aus Königsberg, nach dem Krieg im Geräteschuppen des FC einquartiert wurden, dort, wo Eckfahnen und Tornetze aufbewahrt wurden. Und dann sind sie einfach nicht mehr weggegangen. Den krisenfesten Job des Platzwartes haben sie an ihre Kinder übertragen. Die sind heute Angestellte des Stadtsportamtes, Halbgötter in Polyacryl.

Das Vereinsgelände verlassen sie nur in äußersten Notfällen, höchstens einmal im Monat, wenn sie zum Tanken nach Polen fahren. Ansonsten steht ihr senffarbener Ford Sierra immer neben dem geduckten Häuschen gleich neben dem Kabinentrakt. Ein paar Geranien recken sich aus den grauen Blumenkästen, als versuchten sie zu fliehen. Oft riecht es nach Bohnensuppe. Besonders gepflegt sehen nur die beiden Satellitenschüsseln aus. Durch die gelblichen Gardinen kann man den Fernseher erspähen. Er läuft immer. Frau Borkowitz schätzt die gepflegte Nachmittags-Show. Wer in dieser Zeit am Kiosk etwas kaufen will, muss bis zur nächsten Werbepause warten.

Herr Borkowitz lebt im Einklang mit den Jahreszeiten. Im Frühjahr streicht er die Bänke, im Frühsommer justiert er die Wasserdüsen, um den Platz zu wässern, und im Hochsommer organisiert er den Grill für das Sommerfest. Herr Borkowitz schwitzt stark, besonders am Grill. Letztes Jahr habe ich gesehen, wie ein Schweißtropfen von seiner Nase perlte, direkt auf einem Stück Bauchfleisch landete und verzischte. Borkowitz grillt seit Jahrzehnten nichts anderes als Bauchfleisch. Das Fett tropft in die Glut und verbrennt. Die Mütter fürchten Krebs durch Grilldunst. Die Väter trinken ganz schnell drei Bier, um sich physisch und mental zu stählen für verkohltes Bauchfleisch. Zum Glück ist der Kartoffelsalat nicht hausgemacht von Frau Borkowitz, sondern aus der Metro.

Im Herbst fegt Borkowitz die Grassoden vor den Kabinen weg. Und jeden Tag leert er die Papierkörbe, bückt sich grummelnd nach jedem Fitzel Unrat, klaubt Pfandflaschen aus dem Müll. Der Dreck, den sie für Generationen von Kickern weggeräumt haben, dürfte übereinander gestapelt eineinhalbmal bis zum Mond reichen. Keine Frage, ohne die Borkowitzens gäbe es keinen Fußball mehr in Deutschland.

Die Eheleute Borkowitz sollten von der Bundesregierung zu Pisa-Beauftragten ernannt werden. Sie sind brillante Pädagogen. Sie wissen, wie man mit halbwüchsigen Knaben umgeht, die schon vor Jahren beschlossen haben, die Kommandos ihrer besorgten Ernährer schlichtweg zu überhören. Das Borkowitz-Prinzip beruht auf der Annahme, dass moderne, verständnisvolle, partnerschaftliche Erziehung völlig überflüssig ist: Kinder sind ausschließlich Dreck- und Krachmacher, zudem faul und hinterlistig. Stimmt ja auch. Wie ihre Eltern eben.

Borkowitz ist wie George W. Bush: Er verachtet seine Gegner und verhandelt nicht. Seine Machtmittel heißen Drohen, Abschrecken, Angst verbreiten, einfach Herrschaft demonstrieren um der Herrschaft willen. Basta. Und es funktioniert. Denn Kinder sind schlau. Sie stellen sich einfach auf die Borkowitz-Doktrin ein. Sie kuschen. Sie gehorchen. Sie gehen kein Risiko ein.

Neulich habe ich mir einen Teil von diesem beeindruckenden pädagogischen Konzept geborgt. Als

Karl nicht baden wollte, habe ich zu ihm gesagt: »Das erzähle ich Borkowitz.«

Fünf Minuten später saß er im Wasser.

Deutschland – Brasilien

Heute muss Karl Mittagsschlaf machen. Ausnahmsweise. Denn heute, am Mittwoch in einer ganz normalen Schulwoche wird es spät, sehr spät. Deutschland spielt gegen Brasilien, im renovierten Olympiastadion.

Ingo hat Karten besorgt. Eine hat er mir geschenkt, zum Geburtstag. Wir wollten zu zweit gehen, mit ein paar Dosen Bier in der Jackentasche, auf dem Weg von der U-Bahn ins Stadion fachsimpeln, gemeinsam ein bisschen diskriminieren, südamerikanische Fußballer zum Beispiel, Erich Rutemöller, Miroslav Klose oder Prinz Poldi.

»Ich will auch mit«, rief Mona und hatte bei Ingo schon Karten bestellt, bevor ich sachliche Argumente dagegen anführen konnte. Dass einer bei Karl bleiben müsse, zum Beispiel. Doch das hatte die schlaue Frau mitbedacht. Mona hatte auch für Karl eine Karte bestellt. Zwei gegen einen. Ich hatte verloren. Den Abend mit Ingo und 80 Euro für die beiden Tickets.

Es war Karls erstes Länderspiel. Deswegen klappte

der Mittagsschlaf auch nicht. Nach einer Dreiviertelstunde, genau einer Halbzeit also, schob er einen Zettel unter seiner Zimmertür hindurch: »Ich kann nicht schlafen!«

Na gut, dann eben Hausaufgaben. Eine weitere Halbzeit später meldete er zerknirscht: »Ich kann mich nicht konzentrieren!«

»Warum nicht?«

»Ich weiß nicht, was ich anziehen soll.«

Der Einfluss einer Mutter ist eindeutig zu groß, dachte ich. Doch das Problem lag tiefer. Er war in einem Konflikt gefangen zwischen Patriotismus und Fernsehwerbung. In diesem Spiel standen auf der einen Seite »Wir«: die Deutschen, unser Stamm, Kahn und Ballack, Häuptling Klinsmann – alle ganz okay, keine Helden zwar, aber eben unsere Mannschaft. Dagegen stemmte sich starke Konkurrenz: Männer aus der Nike-Werbung, die flinker waren, braungebrannter, lustiger, besser bezahlt, cooler – Weltstars eben.

Karl schilderte mir sein Dilemma: »Ich weiß nicht, für wen ich sein soll: Ronaldo ist der beste Spieler, Ronaldinho hat die besten Tricks. Aber beide sind keine Deutschen. Ballack kann aber keine Tricks. Und Klose ist doof.« Warum eigentlich hatte Fischers Auswärtiges Amt nie Einbürgerungsanträge an der Copacabana verteilt?

Die Klose-Geschichte ist ein echtes Drama. Das erste Fußballspiel, das Karl von Anfang bis Ende im

Fernsehen verfolgt hatte, war das 8:0 der Deutschen bei der WM 2002 gegen Saudi-Arabien in Sapporo. Eine historische Partie, schon wegen der *Bild*-Schlagzeile: »Rudi, hau die Saudi!«

Klose war der Held damals: Er schoss in diesem Spiel drei Tore. Wir sahen Deutschland als Weltmeister und Klose als Torschützenkönig. Leider nicht lange. Völlers Mannschaft spielte ganz gut, aber Klose war nicht mehr zu sehen.

Karl aber fiel nach dem Saudi-Arabien-Spiel in einen Klose-Rausch. Fußball würde immer so sein, dachte er: Deutschland gewinnt haushoch, und Klose macht die meisten Tore. Und deswegen wollte er unbedingt ein Klose-Trikot. Er kam mit seiner Spardose, in der er all sein Geburtstags- und Zeugnisgeld von Oma und Opa gehortet hatte. »Papa, bitte bestell mir so ein Trikot«, hatte er gefleht, »mit der Nummer 11 und KLOSE drauf. Bitte!«

Ich bestellte, wenn auch widerwillig, im Internet, beim DFB, für nur noch 79 Euro. Wir waren nicht allein mit diesem Wunsch. Wegen der großen Nachfrage, so endete die Bestätigungs-Mail, müsse man mit Lieferschwierigkeiten rechnen. Die WM war im Juni. Das Trikot kam im November. Kein Mensch redete mehr über Klose. In der Bundesliga hatte er nur noch Mist gespielt, seine Interviews waren eine Zumutung. Ein klassisches One-Hit-Wonder.

Karl wollte das Hemd nicht mehr. Er weigerte sich, das Klose-Trikot überhaupt anzuziehen. Es kratze, behauptete er. Es passe nicht, die Farbe (weiß) gefalle ihm nicht. Er wolle sein Geld zurück. Er heulte.

Wir blieben hart. Das Kind musste früh lernen, mit Konsequenzen aus Schnellschussentscheidungen fertig zu werden. Wie oft hatte Mona Schuhe gekauft, die ihr schon zu Hause nicht mehr gefielen. Hatte ich nicht schon unzählige Male teuren Wein erworben, der beim Probieren im Laden ganz gut schmeckte, zu Hause aber wie Spülwasser mit Essig? Das Klose-Hemd liegt ganz unten in Karls Kommode. Bis heute. Es ist ihm viel zu klein inzwischen. Vielleicht passt es Klose. Last exit E-bay.

Es dauerte ewig, bis wir für das Länderspiel einen textilen Kompromiss gefunden hatten: Karl zog Turnschuhe von Nike an (Brasilien), ein gelbes T-Shirt (1/3 deutsch, halb Brasilien) von Puma (deutsch), eine Jeans (neutral) und eine schwarze (1/3 deutsch) Wollmütze, auf der »New Zealand« stand. Durch den Verzicht auf die Farben Rot (deutsch) und Grün (brasilianisch) war Karl also nicht festgelegt, er war eine Art Allround-Fan, der sich jederzeit auf eine Seite schlagen konnte. Ich hätte ein Kopftuch dazu sehr lustig gefunden, aber manchmal bekomme ich keine Mehrheit für meine Sorte Humor. Jedenfalls war mein Sohn der lebende Beweis für flexible Leitkultur, Multi-Patriotismus.

Wir fuhren mit der U-Bahn zum Stadion. In unserem Waggon standen drei Dutzend junge Männer mit kurzen Haaren und Bierdosen und Deutschland-

Trikots (»Klose« hatte keiner). Sie brüllten: »Deutschland, Deutschland, Deutschland.« Sie rempelten einen jungen Mann mit einem »Brazil«-T-Shirt an.

Karl guckte verängstigt. Die Mädchen auf dem Bahnsteig mit den knappen gelbgrünen Leibchen hatte er sympathischer gefunden. Karl fühlte sich eindeutig als brasilianischer Fan, war zugleich aber froh, dass man es nicht eindeutig sah. Womöglich hatten wir eine Marktlücke für die Fan-Bekleidungsindustrie entdeckt: Wendehemden, oder intelligente Fasern, die je nach S-Bahn-Mehrheit die Farbe wechseln.

Auf dem Weg zum Stadion bekamen wir Durst. Karl wollte Cola light, Mona ein alkoholfreies Bier. Ich stellte mich an einem Bierstand an. Die Jungs vor mir kauften: vier Bier, acht Bier, drei Bier, fünf Bier, vier Bier – also immer einen Arm voll. Ich sage tapfer: »Zwei Bier, ein alkoholfreies und eine Cola Light!« Die Jungs hinter mir grienten. Genauso gut kann man beim Jimi-Hendrix-Konzert einen Joint ohne Marihuana rauchen. »Alkoholfrei ham wa nich«, trompetete die Tresendame. Danke, jetzt hatten auch die letzten in der Schlange kapiert, dass ich ein Weichei bin. Wird Zeit, dass mein Sohn Bier trinkt. Und meine Gattin ihre Kohlehydratphobie überwindet.

Ingo hatte phänomenale Plätze besorgt: 14. Reihe, Gegengerade, so dicht am Rasen, dass man mit einer halb vollen Bierdose Olli Kahn getroffen hätte. Karl guckte nur auf Ronaldinho, der sich mit den anderen Brasilianern einspielte. Er wartete auf DEN Trick.

Ronaldinho lieferte nur Tricks. Der Mann kann überhaupt keinen geraden Ball spielen. Das geradlinige Passen und Laufen unserer deutschen Spieler sah aus wie ein völlig anderer Sport.

Das Berliner Polizeiorchester marschierte ein, sehr zackig. Sie hoben an und spielten eine Hymne. Die Brasilianer legten die Hand aufs Herz. »Ist das die deutsche?«, fragte Karl. Ich lachte sehr laut, damit alle Umstehenden dachten, Karl hätte einen guten Scherz gemacht.

Dann kam die deutsche Hymne. Auf der großen Leinwand lief der Text mit. Die Zuschauer standen auf. Wir auch. Weniger aus Patriotismus, sondern weil wir sonst nicht gesehen hätten, was auf dem Rasen passiert. Karl guckte mich von der Seite an. Ein Schlüsselmoment. Es war bei uns zu Hause ein Ritual, bei jedem Länderspiel im Fernsehen aufzuzählen, wer mitsang und wer nicht. Bei Kahn wusste man nie, ob er sang, Kaugummi kaute oder einfach nur vor sich hinbrabbelte. Ballack sang immer mit. Klose kannte den Text nicht. Wir bewerteten das zu Hause nicht, wir erwähnten es nur, allerdings nicht so beiläufig, dass man meinen könnte, es würde nichts bedeuten. Aber wir sagten auch nicht, was es bedeutete. Wir wollten aus dem Mitsingen der Hymne nicht ableiten, ob einer sich zerreißen würde für sein Land. Natürlich sangen nicht alle Ossis mit.

Hymne-Singen kann auf einen positiven Spielercharakter hinweisen, auf einen negativen oder auf einen verschlagenen. Wir wollten Karl in Sachen Vaterlandsliebe nicht mit unserem hilflos-ironischen Gefühl zu Deutschland prägen. Unser Sohn sollte sich seine Vorurteile selbst erarbeiten, vielleicht sogar eines Tages ein ungezwungenes Verhältnis zu seinem Land entwickeln.

Deswegen war der Moment jetzt im Stadion so wichtig. Alle sangen. Mein Sohn beobachtete genau, was sein Vater tat. Ich wählte die Kahn-Lösung. Eine Mischung aus Brabbeln und Kauen und Singen. Es war wie mit Karls Kleidung. Man konnte alles daraus ableiten.

Früher hatte ich nie die Hymne mitgesungen. Ich weiß bis heute nicht, was »Unterpfand« ist. Jürgen Trittin singt wahrscheinlich »…sind des Glückes Dosenpfand«. Heute, im gereiften Zustand, habe ich meine Einstellung zur Hymne verändert. Ich finde, dass man sie unauffällig kapern sollte. Nicht singen heißt, den Rechten die Symbole der Nation zu überlassen. Dies Land ist mein Land, und diese Hymne ist meine Hymne. Schließlich zahle ich Steuern hier. Gute Verfassungs-Patrioten singen mit, aber nicht so laut wie Ingo und nicht so falsch wie Mona.

Karl guckte mal mich, mal den Text auf der Anzeigentafel an. Versuchte er, noch einzusteigen? Ich hatte nicht die geringste Ahnung, was er dachte. War er ergriffen? Oder dachte mein Sohn: Auweia, ist der Alte peinlich. Es gibt Situationen, die man praktisch nicht souverän überstehen kann.

Das Spiel bestätigte unsere distanzierte Vaterlandsliebe. Die Brasilianer kickten eher lustlos, Ronaldinhos Tricks fanden nicht statt, Roberto Carlos pfefferte den Ball hart, aber unmotiviert über den Platz, Ronaldo watschelte wie eine schwangere Ente über den Rasen.

Karls Weltbild geriet ins Wanken. In der Nike-Werbung rannten die Brasilianer alles nieder, hier aber scheiterten sie an jungen Deutschen, die Huth hießen oder Hinkel. Karl mochte Hinkel, weil sein Name nach Obelix klang.

Das Spiel endete 1:1. Mona war so galant gewesen, über weite Teile des Spiels zu schweigen und sich die Antworten auf ihre zweifellos peinlichen Fragen aus dem Programmheft zu besorgen. Unsere Jungs hatten ordentlich mitgehalten. Man musste sich nicht schämen für seine Mannschaft, das war schon eine Menge. Bei Berti Vogts war das anders gewesen. Und bei Erich Ribbeck und Uli Stielicke erst recht.

Es war schon nach Mitternacht, als Karl endlich im Bett lag. Er hatte das viel zu kurze Klose-Trikot als Nachthemd angezogen. Damit wollte er mir eine

Freude machen. Denn dieses Hemd hatte für eine Monate währende Spannung zwischen uns gesorgt. »Vielleicht kriegt man die Buchstaben mit einem Messer ab«, sagte er schläfrig, »und das K und das L und das E behalten wir.«

Ich sah ihn fragend an. Er erklärte: »Dann haben wir schon die Hälfte von Hinkel.«

Haare

Wenigstens im deutschen Kinder- und Jugendfußball gibt es noch ein paar Gewissheiten, die gelten immer und ewig und überall. Eine lautet: In jeder Mannschaft spielt mindestens ein Kevin, ein Dennis, ein Marcel oder ein Murat.

Kevins, Marcels, Dennisse und Murats erkennt man sofort an ihrer Frisur. Bis vor kurzem trugen sie Schwänzchen, also eine Strähne am Hinterkopf, die länger war als das Resthaar, gern aufgeblondet. Als ihre Eltern aus Versehen einmal nicht schnell genug die Nachrichten weggezappt hatten, mussten sie mit ansehen, dass in Deutschland außer ihrem Sohn und ein paar Provinz-Zuhältern eigentlich nur noch eine Patchouli-Braut namens Angelika Beer Schwänzchen trug, zwar an der Seite, dafür aber mit bunten Bändern durchwirkt, in den kurdischen Nationalfarben.

Das war der Tag, an dem das Schwänzchen auf deutschen Fußballplätzen endgültig starb – ein sicheres Zeichen dafür, dass es alsbald wieder sehr angesagt sein wird. Junge deutsche Pop-Bands beleben den

Schwänzchen-Kult gerade. Sie züchten die Strähne im Nacken schon wieder, weil das total lustig aussieht und gut ist fürs unangepasste Image. Damit steht jetzt bereits fest, dass die Kevins spätestens erst dann wieder Schwänzchen tragen, wenn sie volljährig sind. Antizyklisches Trendverhalten ist typisch für MarcelDennisMurat.

Bis dahin züchten Kevin & Co ihre Frontspoiler. Tendenziell kurzes Haar wird vorn an der Stirn etwas länger gelassen und dort mit Hilfe von Ultra-Beton-Gel steil empor geleimt. Es sieht so aus, als hätten sich die Jungs ihre winterliche Tropfnase mit der flachen Hand immer nach oben hin über die Stirn abgewischt. Die Spitzen sind unnatürlich blond, das Haar darunter dagegen auffallend dunkel. Diese Zehnjährigen finden es offenbar völlig in Ordnung, in ihrer Freizeit mit Chemie auf dem Kopf durch die Wohnung zu laufen, die ihre Mutter ihnen mit Plastikhandschuhen einmassiert hat.

Karl ist nicht nur mit seinem exotisch normalen Namen, sondern auch mit seinem langen, zotteligen Schopf ein Außenseiter. Aus Spaß haben wir es mal mit Zuckerwasser und Eiweiß versucht. Keine Chance. Allenfalls mit Tapetenkleister würde er sein Haar in langen Stacheln zum Stehen bringen. Aber dann sähe er aus wie ein »Leningrad Cowboy« und würde vom Schiedsrichter wegen Verletzungsgefahr vom Platz gestellt.

Die H-Frage treibt Karl in ein ständiges Dilemma.

Einerseits weiß er mit den Vertretern der Frontspoiler-Fraktion wenig anzufangen. Sie hören die falsche Musik, verstehen die Gags bei Asterix nicht und kleben ausschließlich an ihrer Playstation, wenn sie nicht in der Schule sind oder auf dem Fußballplatz oder ihre Mütter ihnen die Haarspitzen stylen. Andererseits verfügen ausgerechnet diese blondierten Knirpse über die größte Klappe und reißen die Meinungsführerschaft ganz selbstverständlich an sich, gerade so, als würde das Bewusstsein, eine total freche Frisur zu tragen, ein Anführer-Gen aktivieren.

Nach dem Training kommt Karl meistens als Erster aus der Kabine. Missfällig betrachten die wartenden Mütter mein verstrubbeltes Kind, das aussieht, als ob wir uns kein Gel leisten könnten. Durch eine besonders herzliche Begrüßung versuche ich den Eindruck zu vermitteln, dass wahre Liebe stärker klebt als Gel. Marcel-Mütter erkennt man am *Chiemsee*-Fleece und daran, dass sie ihren kleinen hypernervösen Hund oder ein fettes, zetriges Kleinkind mit Gameboy herumkommandieren, oder beide. Karl und ich sagen höflich: »Tschüs, bis Samstag.« Manchmal bekommen wir sogar eine leise Antwort.

Spieler, die nicht aussehen wie alle anderen, haben einen schweren Stand. Uniformitätsdruck in einer individualisierten Welt, das ist einer der größten Widersprüche der postmodernen Gesellschaft. Wer in der Kabine nicht Ewigkeiten vor dem Spiegel zubringt, gilt als ungepflegt. Karl hat mir verraten, dass Kevin II ein Kosmetiktäschchen von *Boss* in seiner Sporttasche trägt, in der sich nichts als drei Tuben Gel in unterschiedlichen Härtegarden befindet. Hoffentlich setzt sich einfach mal jemand großes, schweres auf die Tasche.

»Wann muss ich mal wieder zum Frisör?«, hat Karl neulich ganz vorsichtig gefragt. Sehr ungewöhnlich. Frisör war für ihn bislang immer wie Zahnarzt.

»Was willst du denn da?«, habe ich mich erkundigt.

»Meine Haare sind zu lang.«

Bitte, lieber Fußballgott, lass diesen Jungen nicht auf den Frontspoilertrip kommen. »Die hängen mir immer ins Gesicht.«

»Dann nimm ein Stirnband«, habe ich ihm geraten.

»Ich bin doch kein Indianer«, hat er gesagt.

Wir früher, wir wären gern Indianer gewesen.

Ich erkläre Karl, dass Günther Netzer, Bernd Schuster, Winnie Schäfer und Pavel Nedved allesamt lange, zottelige Haare hatten. Sie waren die Winnetous der Bundesliga, stolze Krieger in einem Meer langweiliger Soldaten. Paul Breitner trug sogar mal Afro-Kugel statt Frisur. Sein Fehler war es, jemals mit dem Reden angefangen zu haben. Von Breitners Bekenntnis zum

Maoismus ist die deutsche Linke bis heute nicht genesen. Ewald Lienen konnte auch nichts mehr retten.

In der Murat- und Kevin-Welt sind diese Spieler leider allesamt unbekannt. Sie kennen nur Kuranyi und warten auf den Tag, an dem sie ihren ersten Flaum mit Muttis Langhaarschneider zu albernen Bleistiftmustern auf ihren Wangen zurechttrimmen können.

Am letzten Wochenende war ein Punktspiel, gegen Arminia Zehlendorf. Dort spielen zwar die Besserverdienenden, aber am Frontspoilerfimmel laborieren die auch. Zum Frisör hatten es Karl und ich nicht geschafft. Die Union der Kevins und Marcels und Murats lief mit stolz emporgearbeitetem Haar auf den Platz. Sie alle machten den Eindruck, als würden sie Kopfbällen absichtlich aus dem Weg gehen.

Zur Pause stand es 0:0. Als die Spieler aus der Kabine kamen, begann es zu regnen, und zwar ziemlich kräftig. Mein Sohn strich sich die langen, nassen Zotteln hinters Ohr und trabte zielstrebig durch den Matsch. Seine Mannschaftskameraden waren unablässig damit beschäftigt, die Frisur aufzurichten. Zum Glück auch Karls Gegenspieler. Sie hielt nicht. Klebrig lief ihm das Gel-Regen-Gemisch ins Gesicht. Er rieb sich die Augen. Es brannte offenbar. Karl erkannte seine Chance. Nicht übermäßig elegant, eher geradlinig wetzte er am Zehlendorfer Schönling vorbei und auf das Tor zu. Auch der Torwart rieb sich die Augen. Sein Beckham-Schopf ließ sich ziemlich hängen. Karl zog ab: 1:0, sieben Minuten vor dem Abpfiff. Das war auch der Endstand.

Nach dem Spiel kam Karl als Erster aus der Kabine. Die umstehenden Eltern blickten ihn freundlich an. »Bis Dienstag, beim Training«, verabschiedeten wir uns.

»Ja, bis Dienstag«, erwiderte der *Chiemsee*-Chor. Wir hatten unser Standing ganz ohne Gel verbessert.

Telefon

Sonntagmorgen, Viertel vor acht. Das Telefon klingelt. Ich springe aus dem Bett. »Mutter!«, denke ich. Wenn das Telefon zu ungewöhnlichen Zeiten klingelt, denke ich immer zuerst »Mutter! Hoffentlich ist ihr nichts passiert.«

Ich suche das verdammte Telefon. Drahtlose Apparate sind die Pest. Was man durch Bewegungsfreiheit an Lebensqualität gewinnt, verliert man auf der anderen Seite durch das fortwährende Suchen. Das Telefon liegt in der Küche, im Obstkorb. »Jaa«, sage ich nervös in den Hörer.

»Ist Karl da?«, fragt mich eine Knabenstimme.

»Wer ist denn da?«, will ich wissen.

»Dennis«, sagt die Stimme, »vom Fußball.«

Die Wut über den Anruf zu unverschämter Tageszeit und die Erleichterung, dass nichts mit meiner Mutter ist, halten sich die Waage. Karl schläft noch. Ich rüttle ihn wach. »Telefon, Karl.«

Mein Sohn rappelt sich auf. »Hallo Dennis«, krächzt er ins Telefon und hört angestrengt zu. Dann legt er die Hand auf die Sprechmuschel. »Papa, kannst du mal gucken, wann wir uns heute treffen?« Ich gehe zu Karls Schreibtisch. Dahinter habe ich eine Pinnwand aus Kork angedübelt, für schulische Belange: Termine von Klassenarbeiten oder Wandertage. Natürlich ist es inzwischen ausschließlich ein Fußball-Mitteilungsbrett. Heute spielt der FC 06 in Lichterfelde, um 12.30 Uhr. Abfahrt ist immer eine Stunde vorher, sofern keine exorbitanten Fahrzeiten zu erwarten sind. »11.30 Abfahrt ab Hubi«, rufe ich Karl zu.

»Haste gehört, Dennis?« Karl verabschiedet sich.

Es ist fünf vor acht, am Sonntag: »Ist Dennis Ossi?«, frage ich.

Keine Ahnung«, sagt Karl. Er hat keine Ahnung, was Wessis und Ossis sind, es interessiert ihn auch nicht.

»Ossis stehen immer früh auf«, erkläre ich.

»Wir sind Wessis«, sagt Karl und legt sich wieder hin.

Ich stelle das Telefon in seine Ladestation und taumle zurück ins Schlafzimmer. Eine halbe Stunde dösen, das gönne ich mir noch. Schließlich ist es auch mein Sonntag. Mona schläft. Ich krieche unter die Decke. Es ist warm. Es ist weich. Es ist Sonntag. Wie herrlich.

Da klingelt das Telefon. Gut, dass Karl wach ist. Aber das Telefon klingelt weiter. Ich rufe: »Karl!« Mona wird wach »Nicht so laut«, mault sie. Karl hört nicht. Das Telefon klingelt. Ein schärferes »Karl!!!« Das Telefon klingelt. Ich springe auf. Vielleicht ist was mit Mutter.

Aber es ist Murat. »Guten Morgen«, sagt er höflich, »hier ist Murat. Kann ich bitte Karl sprechen?«

Die Idee von Trainer Dieter war es, eine Telefonkette zu etablieren. Er würde den Ersten auf der Liste anrufen, der den Zweiten und so weiter. Doch aus der Kette war ein Spinnennetz geworden. Alles lief auf die Mitte zu. Und die war offenbar Karl.

Mein Sohn hört Musik, per Kopfhörer. Die haben Mona und ich ihm zu Weihnachten geschenkt, damit wir Sonntagmorgen nicht von *Linkin Park* geweckt werden. Dafür weckt uns jetzt das Telefon. Karl nimmt die Kopfhörer ab. »Murat«, sage ich.

»Hi, Murat«, sagt Karl, »11.30 Uhr am Hubi.«

Ich lasse das Telefon bei Karl liegen. »Bitte Musik ohne Kopfhörer«, sage ich, »aber leise.« Ich taumle zurück ins Bett. Das ferne Wummern des Schlagzeugs drückt mich in einen unruhigen Schlaf. Der Tag ist sowieso gelaufen. Ich werde ihn auf einem Sportplatz in Lichterfelde verbringen, als Telefonist, Fahrer und Statist. Ich hasse Fußball.

Vorspiel

Von vielen traumatischen Momenten in einem Fußballverein sind die Treffen vor einem Spiel am Sonntagmittag die schrecklichsten. Man kann übers Wochenende nicht wegfahren. Man steht zwischen den Trümmern eines Vormittages und den Fragmenten eines Nachmittages. Eine Stunde Fußball zerstört alles, was eine gute deutsche Familie zusammenhält: das gemeinsame Mittagessen, den Ausflug ins Grüne, einen handfesten Krach, einfach alles.

Es beginnt schon schrecklich. Treffen am Klubheim. Bremsen unter Beobachtung, Einparken unter Beobachtung, Aussteigen unter Beobachtung. Leistungsschau der deutschen Autoindustrie. Mercedes Kombi, Baujahr 1988, ist nicht angesagt. Fußballväter fahren Geländekarren, zur Not auch aus Korea. Hertha-Aufkleber.

»Guten Morgen«, rufe ich in markant-coolem, aber nicht unfröhlichem Ton. »Moin«, raunt ein diffuser Chor. Das Labber-T-Shirt mit Wile E. Coyote war keine gute Wahl. Sieht abgerissen aus. Aber immer noch besser als die textilen Verirrungen der anderen. Erwachsene Männer mit dreiviertellangen Hosen, an denen jede Menge nutzloser Leinen baumeln, damit sie jünger aussehen als ihre Bengel. Zu dicke Mütter in sehr weiten *Chiemsee*-T-Shirts oder zu dünne Mütter auf 15-Zentimeter-Absätzen. Sekunden höchster Verkrampfung. 16 Spieler sind da, zu viele. Einige von ihnen werden also den Sonntag sehr frustriert beenden.

Begrüßen von Trainer Dieter. Er ist im Gespräch mit den Vätern von Kevin, Dennis und Murat. Erst mal Klappe halten und Terrain sondieren. Nichts Falsches sagen. Trainer Dieter hat die Macht. Er stellt die Mannschaft auf. Die Mütter stehen etwas abseits und gucken abschätzig auf Karl. Wahrscheinlich halten sie mich für einen Rabenvater, weil ich ihm kein Gel kaufe. Ich vergrabe die Hände in den Hosentaschen und warte auf eine Gesprächspause.

»Alles okay?«, frage ich plötzlich. Trainer Dieter nickt.

»Muss ja«, sagt er. Die Väter von Kevin, Dennis und Murat nicken. Zustimmung zum Trainer, so hoffen sie, verschafft ihren Söhnen bessere Chancen.

»Hertha war ja mal wieder gar nichts gestern«, sage ich.

»Schwach gestartet und stark nachgelassen«, erwidert Trainer Dieter. Meckerndes Lachen der anderen Väter. Billiger Trick, die Sympathie des Coaches zu erringen.

Ich versuche, das Gespräch in Gang zu halten: »Und, schon eine Strategie für heute ausgeklügelt?«

Dieter guckt einen Moment, als wolle er diesmal keine Standardantwort aus dem Floskelbaukasten des Fußballers abgeben. Doch dann entscheidet er sich anders: »Ball und Gegner laufen lassen«, sagt er. Die anderen Väter schütten sich aus vor Lachen.

Sieht aus, als sei es an der Zeit, meinen Sohn massiver zu unterstützen. Angriff durch perfides Hineinschwatzen des eigenen Nachwuchses in die Startaufstellung. Ich sage: »Karl redet seit Tagen von nichts anderem als diesem Spiel. Ist gestern sogar freiwillig früh ins Bett gegangen. Er macht wirklich einen sehr fitten Eindruck.« Trainer Dieter nickt anerkennend. Wäre er Sepp Herberger, würde er sich eine kleine Notiz in sein Büchlein machen. Hassblicke der anderen Väter, denen eine solche Schleimscheißerei nicht rechtzeitig eingefallen ist.

Eltern sind keine Freunde, sondern Feinde. Sie haben keine Söhne, sondern Kampfhunde. Fass. Kill. Gedemütigt ist, wer nur einen Auswechselspieler zum Sohn hat. Oder den zweiten Torwart. Trotzdem Händeschütteln. Keine Blöße geben. Man ist ja Sportsmann. Und Vorbild für die Kinder.

Rundes Leder

Aus einem Regelheft:

»Der Ball ist regelgerecht, wenn er kugelförmig ist, aus Leder oder einem anderen geeigneten Material gefertigt ist.«

Aus einem Werbeprospekt:

»Der Roteiro-EM-Ball symbolisiert Himmel und Ozean, die Linien die Meridiane.

1. Schicht: Polyurethan, abriebfest, witterungsbeständig.
2. Schicht: Synthetischer Schaum, mit Gas gefüllte Mikrokugeln, selbstelastisch, gute Energieübertragung.
3. Schicht: Latexhülle um die Ballblase.«

Das Camp

Auf Karls Wunsch hatten wir, die stolzen Fußballer-Eltern, bislang schweren Herzens davon abgesehen, beim Training zuzuschauen. Die anderen Spieler kamen mit dem Rad oder zu Fuß, aber immer allein. »Mit Eltern ist uncool«, hatte Karl festgestellt. Wir mussten ihn eine Straßenecke vor dem Sportplatz absetzen und dort auch wieder einsammeln. Unser Sohn war jetzt drei Monate beim FC 06, die anderen Spieler meist länger, manche schon drei, vier Jahre. Nach dem Training erzählte Karl nie viel. Sein »War okay« klang nicht weiter auffällig.

Es war ein sonniger Frühsommernachmittag. Normalerweise bin ich zu spät, wenn ich Karl abhole. Immer. Diesmal war ich zu früh, über 20 Minuten. Ich saß im Auto. Es war warm. Ich stieg aus. In der Ferne hörte ich das Gejohle vom Sportplatz. Sollte ich hier ewig auf der Straße herumlungern? Ich schloss das Auto ab und ging ein paar Schritte. Welcher Abstand zwischen einem Fußball spielenden Kind und seinem abholenden Vater ist noch cool?

Plötzlich stand ich vor dem Tor zum Sportplatz. Es stand offen. Dichte Büsche boten Schutz. Wie ein Sittenstrolch schlug ich mich ins Dickicht. Schmale Trampelpfade führten durchs Grün. Es roch. Ich stand offenbar in einer nichtlegalen öffentlichen Toilette, die die Kicker bevorzugten, weil sie gleich neben dem Fußballplatz lag. Ich atmete flach durch den Mund. Durch die Blätter hatte ich einen guten Blick auf den Platz.

Ich erkannte Karl sofort am orangegrünen Hemd, Werders Meistertrikot von 2004. Alle anderen trugen Herthas Blauweiß. Karl stand in der Abwehr. Alle anderen liefen umher. Karl stand. Es sah recht souverän aus. Viele große Fußballer waren Abwehrkünstler mit sparsamem Körpereinsatz, aber immer im richtigen Moment. Die Förster-Brüder. Lucio. Andi Brehme. Der weithin unterschätzte Schorsch Schwarzenbeck.

Genau. Karl stand da wie Schwarzenbeck: perfektes Stellungsspiel, knappe, ökonomische Bewegungen, konzentriert. Ein Junge wie die chinesische Mauer. Als der Ball unerwartet auf ihn zurollte, machte Karl zwei Schritte. Doch ein gegnerischer Angreifer war schneller, schnappte sich das Leder und drosch es ins Tor. Karl zuckte die Schultern. Richtig, Sohn, nicht umhauen lassen, weiterkämpfen, Enttäuschungen locker wegstecken.

Das Spiel ging weiter. Alle liefen. Mein Sohn stand unermüdlich. Um ehrlich zu sein, stand er vielleicht etwas zu viel. Vermutlich war es eine Order vom Trainer, eine taktische Finesse. Der Ball kam wieder auf Karl zu. Er holte aus und drosch das Leder aus dem Strafraum. Ein großartiger Befreiungsschlag. Leider landete der Ball vor den Füßen eines Angreifers, der nicht aus Karls Team war. Der spielte den Ball steil über Karl auf einen Mannschaftskameraden. Wieder Tor. Pech. Kann passieren. Macht nichts. Dranbleiben, Junge, du schaffst das.

Die folgenden Minuten wurden zur Folter. Karl stand, während die gegnerischen Spieler munter um ihn herumkurvten. Zu nennenswerten Ballkontakten kam er nicht. Auf wundersame Weise stand er immer dort, wo der Ball nicht war. Seine Mitspieler schienen ihn gelegentlich anzumeckern. Ich bewunderte die nervliche Konstitution meines Sprösslings.

Ich hätte längst geheult, den Platz verlassen und beschlossen, Terrorist zu werden, der für den Rest seines Lebens Rasenvernichter auf Fußballplätze streut. Wahrscheinlich hatte Karl einen schlechten Tag. Er hatte blass ausgesehen heute morgen. Vielleicht hatte auch sein Sportgetränk die falsche Zusammensetzung. Sollten wir einen Sportpsychologen konsultieren?

Ich lehnte am Auto und zupfte mir ein Blatt vom Hemdsärmel, als Karl herbeischlurfte.

»Wie war's?«

»Ganz okay …«

»Was habt ihr gemacht?«

»Viel gelaufen«, sagte Karl, »und gespielt.«

»Welche Position warst du denn?«

»Abwehr.«

»Und, hat's Spaß gemacht?«

»Ging so…«

»Lief's nicht so richtig?«

Karl brummte.

Wir waren an einem hochheiklen Punkt des Gesprächs angelangt. Ich wollte von ihm hören, was ich längst wusste, dass er nämlich offenbar mit dem Spiel noch nicht so vertraut war wie die anderen. Ich wollte ein Bekenntnis. Oder sollte ich zugegeben, dass ich im Urindunst des Gebüschs gehockt und entgegen unserer Absprache spioniert hatte?

Ich versuchte einen Trick. »Nächstes Mal komme ich etwas früher und gucke die letzten Minuten zu, okay?«

Karls Mund bebte. »Nein, bitte nicht…«

»Warum denn…« – weiter kam ich nicht.

Karl fing an zu weinen. »Alles ist scheiße«, schluchzte er, »die anderen sind scheiße, der Trainer ist scheiße, ich bin scheiße, Fußball ist scheiße.«

Er warf die Sporttasche aufs Autodach und fiel in meine Arme.

»Ich habe eben ein paar Minuten zugeschaut, heimlich aus dem Gebüsch«, gestand ich.

Mein Sohn starrte mich wütend an.

Ich ließ mich nicht irritieren, sondern blieb in der kontrollierten Offensive: »Wir haben ein Problem«, sagte ich, »und das werden wir gemeinsam lösen, okay?«

Karl nickte.

»Und weißt du, wer uns dabei helfen kann?«

Karl schüttelte den Kopf.

»Ingo.«

Er ging sofort ans Handy. Ich erklärte den Fall. Ingo verstand. »Karl braucht Nachhilfe«, folgerte er. »Ich mail euch mal was.«

Was Ingo uns mailte, hieß Championscamp.

Noch nie hatte Karl das Ende der Sommerferien so herbeigesehnt wie in diesem Jahr. Denn in der letzten Woche lag der unbestreitbare Höhepunkt dieses Sommers: das Championscamp. Von Montag bis Freitag, 8 bis 16 Uhr, werden junge Kicker in einer Kunstrasenhalle in die Geheimnisse des Fußballsports eingeweiht: Kondition, Koordination, Technik, Tricks, Spiel, Taktik, von richtigen Trainern. Auf einem Abschlussturnier am Samstag führen sie dann das Gelernte vor.

Eine brillante Geschäftsidee: 300 Euro, also drei Jahresbeiträge beim FC, kostet der Luxus, sein Kind eine Woche lang zur besten Arbeitszeit abzuschieben. Früher hatten wir eine Ferienwoche lang auf dem Bolzplatz gekickt. Egal. Ingo hatte versprochen, dass Karl einen gewaltigen Schritt nach vorn machen würde. Keine Frustrationen mehr im Training. Positive Energie. Die brauchte unser Sohn jetzt. Und seine Eltern brauchten sie erst recht.

An jenem letzten Ferienmontag stand Karl morgens um halb sechs in unserem Schlafzimmer, mit Fußballschuhen, Schienbeinschützern, in seiner kompletten Montur. »Unser Kind hat 'ne Meise«, flüsterte ich Mona ins Ohr.

Karl trommelte auf meinem Rücken. »Los, komm mit in den Garten. Ich muss mich warm machen. Das ist wichtig, hast du selbst gesagt.«

Zum Frühstück schälte Karl einen Apfel. Das war noch nie passiert. Seine Schokoflocken ignorierte er. Stattdessen leerte er Monas teuren *Demeter*-Joghurt, natur, den er mit überraschend wenig Honig versetzte. Er stahl mir eine Multivitamintablette. Er hatte freiwillig seinen Rucksack gepackt, inklusive Handtuch und Badelatschen. Ein Wunder war an diesem Morgen geschehen. Das Kind legte plötzlich Wert auf Gesundheit, Ordnung und Hygiene. Wie schrecklich. Wo war mein kleines, schusseliges, klebriges Karlchen geblieben?

Obwohl wir früh dran waren, standen wir am Ende einer gewaltigen Schlange, die aus Unmengen von Kindern und Eltern bestand, die aussahen, als hätten sie an diesem Morgen allesamt schon sehr früh mit Multivitamintabletten und Natur-Joghurt hantiert. Eine ganze Reihe ostdeutscher Mitbürger war auch dabei. Das erkannte man an den roten Haaren der Mütter.

Einige der Nachwuchskräfte sahen aus, als spielten sie nach, was sie in der *Sportschau* gesehen hatten. Sie mühten sich um einen grimmigen Gesichtsausdruck. Sie standen o-beinig. Sie vermieden jede Berührung mit ihren Müttern, sie schienen sie nicht einmal zu kennen. Sie taten so, als würden sie die anderen Spieler überhaupt nicht mustern. Sie trugen Marcelinho- oder Ballack-Trikots. Manche kneteten konzentriert an ihren Oberschenkeln herum, als wollten sie prüfen, ob der Muskelfaserriss aus dem Finalspiel schon ganz verheilt sei. Sie sehnten sich offenkundig nach ihrem ersten Adduktorenproblem, als Nachweis von Erwachsensein. Sie fuhren sich alle 30 Sekunden mit der Hand an den Kopf, um zu überprüfen, ob der sorgfältig zurechtgegelte Fronthaarspoiler auch keck genug in die Höhe stand.

Würde man mit diesen jungen Herrschaften das Wunder von Bern wiederholen können? Oder fuhren hier neoliberale Ego-Krieger ihre Ellbogen aus? Karl machte sich von meiner Hand los und guckte wie Oliver Kahn. Ich bekam Angst. Warum hatten wir nicht einen Schach-Kurs gebucht?

Der Obertrainer begrüßte uns: »Ach, ihr seid die Kumpels von Ingo…« Die anderen Eltern fuhren herum. Das Training hatte noch nicht einmal begonnen, und schon hassten sie uns dafür, dass wir einen direkten Draht zum Chefcoach hatten. Ja, der Ingo, hätte ich am liebsten lässig gesagt, der ist heute mit Beckenbauer golfen. Ich verkniff mir den Spruch. Sonst würden diese ausgesprochen leistungsorientierten Kids unseren Sohn womöglich fünf Tage lang ummähen.

Karl wurde in die Kabine geschickt. Ich sollte ein Formular ausfüllen, das mich zum Bezug einer CD-Rom mit den schönsten Trainingsbildern meines Sohnes berechtigte. Diese Fotos könnten später mal sehr wertvoll sein, vielleicht würden sich *Kicker, Spiegel, Stern* darum reißen. Ich bestellte. 25 Euro, die sehr gut angelegt waren.

Ich warf einen Blick in die Halle: drei Kleinplätze, Kunstrasen, Klimaanlage, gewaltige Lautsprecher, eine Anzeigentafel, an der Seite die Tür zu den Schulungsräumen, auf der anderen ein Obstbüffet und Batterien von Plastikflaschen mit isotonischen Flüssigkeiten in den Trendfarben des Sommers.

Wir hatten früher mit zwei T-Shirts ein Tor auf der Straße markiert, mit Sandalen auf dem heißen Asphalt gekickt und bluteten nach spätestens 20 Minuten. Wasser soffen wir wie die Pferde aus einem Hahn, der hinter einer Garage verborgen lag.

Karl kam aus der Kabine. Sein Blick sagte: Was machst du noch hier, zieh doch bitte endlich Leine, Papa. Ich hob die Hand zum Abschied. Er nickte kaum merklich.

Als ich nachmittags vorfuhr, drang eine gewaltige Duftwolke ins Auto und mit ihr mein Sohn. Karl hatte geduscht, mit geliehenem Gel einen hängenden Frontspoiler gestaltet und sich offenbar mit größeren Mengen geliehener Aromastoffe aus dem Duftbaum-Sortiment eingesprüht. Sein Gesicht war knallrot. »Ich bin total fertig«, krächzte er.

»Wie war's?«

»Super.«

Bange Frage: »Waren da noch andere Jungs, die, äh, also, gerade erst angefangen haben?«

»Ja«, sagte Karl fröhlich, »ganz schön viele. Benni, so'n Dicker, der trifft keinen Ball. Und Lars ist gerade mal sechs Jahre, der fällt immer um. Und Sergej, der hatte nur Chips und Gummibärchen dabei, der war total schlapp. In Taktik haben wir heute Abwehrverhalten gemacht. Der Trainer hat erklärt, wie man einem Angreifer den Ball wegnimmt.«

Hurra! Innerlich machte ich La Ola.

»Klingt doch ganz gut«, sagte ich betont normal.

»Total super«, bestätigte Karl.

Und so ging es die ganze Woche. Karl mutierte zwar zu einem prolligen Fußballwesen, schien aber eine Menge zu lernen. Seine Kommentare nach dem Training strotzten vor eindrucksvollen Begriffen wie »Pressing«, »Offensiv-Foul« oder »Mailänder Mittelfeld«. Ich verstand kein Wort, aber immerhin klang mein Sohn kompetenter als Reinhold Beckmann.

Am Samstag beim Abschlussturnier saß ich eingezwängt zwischen Eltern, Geschwistern, Omas, Tanten und Freunden auf der kleinen Tribüne. Auf allen drei Feldern wurde gleichzeitig gespielt. Mona hatte abgewunken. Ihr Bedarf an Turnhallenaroma war mit der Schulzeit für den Rest ihres Lebens gestillt.

Sie hätte es auch nicht lange ausgehalten hier. Und ich erst recht nicht. Denn das Championscamp verwandelte Mütter in Monster. »Ran, Timo, raaan«, brüllte die Frau mit den braunroten Haaren neben mir. Sie wurde allerdings übertönt von der vollschlanken Dame mit dem karminroten Bubikopf zwei Reihen vor uns. »Schiri, das war Foul! Biste denn blind?!« Überall um mich herum schrie und meckerte es. Bald würden weiße Sabberfetzen auf mich fliegen.

Mitten im Getöse entdeckte ich ein bekanntes Gesicht: Richard Thomas, leitender politischer Redakteur einer bedeutenden Zeitung, berüchtigt für feinsinnige, gleichwohl schneidende Kommentare, die immer wieder das Besinnen auf bürgerliche Werte und Kultur fordern. Thomas brüllte nicht, er klatschte nur dann und wann. Ich merkte bald, warum. Sein Sohn Felix schoss ein Tor nach dem anderen. Zum Glück war Karl Verteidiger in seiner Mannschaft. Er ließ keinen Gegenspieler durch. Sie siegten 8:0. Mein Sohn, das Bollwerk.

Zum Abschluss gab es eine Siegerehrung. Jeder Spieler wurde einzeln aufgerufen, beklatscht, bekam eine Medaille, eine Plastiktüte mit Informationsmaterial und eine Mütze mit dem Emblem des Camps, damit die Mitspieler im Verein auch wussten, was gelaufen war in den Ferien, und ihre Erziehungsberechtigten sahen, was andere Eltern bereit waren, für ihre Kinder auszugeben.

Bei der Siegerehrung wurde mir klar, dass

wir mit unserem Einsatz nur am unteren Ende der Engagementskala lagen. Ein Spieler, gerade neun Jahre alt, war für das Camp eigens aus Stuttgart angeliefert worden, ein anderer aus Wolfsburg. Beide hatten bei entfernten Bekannten übernachtet. Die Eltern waren immerhin gekommen, um sie abzuholen. Sie sahen eigentlich ganz normal aus, abgesehen davon, dass die Mütter keine roten Haare hatten. Der Wolfsburger war schon zum dritten Mal da. Die Familie schien noch wesentlich systematischer in seine Fußballausbildung zu investieren. »Die haben schon einen Vorvertrag mit Schalke«, raunte die Mutter neben mir.

Zum Schluss wurden die besten Spieler geehrt, die, die die meisten Tore geschossen hatten. Der Sohn von Richard Thomas war dabei. Er bekam einen Pokal und einen nagelneuen Fußball. Beim Hinausgehen erkannte mich Thomas. »Glückwunsch«, sagte ich. Er nickte mir, den Fußball unterm Arm, huldvoll zu.

Am Sonntag war ich mit Karl auf dem Sportplatz. Er spielte mich ein ums andere Mal aus. Ein Zehnjähriger verlud eiskalt grinsend seinen eigenen Vater. Ich sah aus wie der letzte Depp. Wenn das so weiterging, würde ich ein Championscamp für Senioren belegen müssen.

Ein paar Wochen später bekamen wir eine triumphierende E-mail vom Camp: »DIE Nachricht des Monats. Am 7. August um 17.10 Uhr war es soweit. Mit Ashkan Dejagah schnupperte der erste Spieler, der 1994 von Jugendtrainern des Berliner Championscamps entdeckt worden war, Bundesliga-Luft. Das 18 Jahre alte Talent wurde im Spiel der Profis von Hertha BSC gegen den VfL Bochum kurz vor Schluss ins kalte Wasser geschmissen.«

Das Camp für die Herbstferien ist schon gebucht.

Resi

Karl pfeift ein Lied. Es klingt wie »Resi, i hol di mit'm Traktor ab«. Karl pfeift es inbrünstig und immer wieder. In diesem Alter erliegen die Kinder noch dem Zauber von Endlosschleifen. Und setzen ihren Eltern Ohrwürmer in die Gehörgänge, die bis in den Schlaf dauern. Aber seit wann kennt mein Sohn die Hits vom Oktoberfest? Und seit wann mag er sie? Er war noch nie in Bayern, außer auf der Autobahn. Warum auch?

»Das ist eine Art Volkslied, was du da pfeifst«, erkläre ich vorsichtig.

»Ich weiß«, sagt er, »das kennt jeder. Wir singen das immer in der Kabine.«

Ich stutze: »Resi?«

Karl guckt fragend. »Was ist Resi?«

»Das Lied, das du die ganze Zeit pfeifst.«

Karl schüttelt den Kopf. »Nicht Resi, Papa: Schiri heißt das.« Und er fangt an zu singen: »Schiri, wir wissen wo dein Auto steht. Wenn du kommst, dann ist es schon zu spät. Dort, da, wo es an der Ecke stand, hat es gerade lichterloh gebrannt.«

Ich versuche, meinem Sohn zu erklären, dass der Aufruf zu einer Straftat nichts sei, womit sich kleine Jungen befassen sollten. Karl grinst. Er würde es wieder singen, spätestens morgen beim Training, mit den anderen.

Von mir hat er das nicht.

Flachbildschirm

Neulich, als ich Karl zum Training brachte, guckte er anders als sonst. Etwas verschlagen. Oder war es eher schuldbewusst? Irgendetwas war nicht in Ordnung. Als ich ihm vor dem Vereinsheim die Sporttasche gab, klapperte es verdächtig.

»Was ist das?«, fragte ich.

»Ooch, nichts«, sagte Karl.

Ich schüttelte die Tasche. Das Klappern kam mir bekannt vor.

»Ist das Nichts vielleicht deine Spardose?«, fragte ich.

»Na und. Das ist meine. Damit kann ich machen, was ich will«, erwiderte mein Sohn aufgebracht.

»Schon gut, ich hab doch gar nichts gesagt. Aber es ist trotzdem nicht klug, so viel Geld mit zum Sport zu nehmen. Aus Kabinen ist schon oft was geklaut worden.«

»Ich geb's ja sofort ab«, sagte Karl.

Um Himmels willen. War mein Junge Opfer von gewissenlosen Erpressern? Wurde er bedroht und abgezogen? Musste er sich freikaufen?

»Kevin sammelt alles Geld ein«, sagte Karl.

Na klar, Kevin. Wer sonst. Hätte ich mir denken können.

»Und wofür?«

»Wir haben nächstes Wochenende doch das Spiel gegen Blau-Weiß. Und wenn wir gewinnen, sind wir fast sicher vorm Abstieg«, erklärte Karl.

»Und was hat das mit deiner Spardose zu tun?«

»Kevin sammelt alle Spardosen ein und will das Geld dem Schiri geben. Eigentlich wollte Marcel den Flachbildschirm von seinem Vater besorgen. Aber er kriegt ihn nicht in seine Sporttasche.«

»Ihr wollt den Schiedsrichter bestechen?«, fragte ich entgeistert.

»Ja klar«, entgegnete Karl stolz, »wir sind doch nicht blöd.«

Disko-Luder

Wir hatten das Licht schon gelöscht. Es war noch früh, vor elf, aber ich war todmüde. Karl hatte bis zur totalen Erschöpfung den Ronaldinho-Trick im Flur üben müssen. Ich war der Gegenspieler, der immer wieder überrascht sein musste. Die Schadensbilanz hatte sich in Grenzen gehalten: ein Mantelaufhänger, weil Karl bei einer besonders schwungvoll ausgeführten Körpertäuschung den Halt verloren und sich an meinem Trenchcoat festgehalten hatte.

An Monas unregelmäßigem Atmen erkannte ich, dass sie noch nicht schlief. »Glaubst du, dass Karl wirklich Spaß am Fußball hat?«, fragte sie unvermittelt in die Dunkelheit. Ich überlegte. Spaß? Wieso Spaß? Der Junge sollte was lernen, für sich, fürs Leben. Natürlich machte es keinen Spaß, bei 3 Grad und Novemberregen über den schlickigen Platz zu rutschen. Aber hinterher würde er Stolz empfinden darüber, dass er sich durchgebissen hatte durch ein widerliches Training.

»Warum sollte er keinen Spaß am Fußball haben?«,

fragte ich zurück. Mona schwieg. »Er hat so eine komische Andeutung gemacht«, sagte sie schließlich. »Beim Zubettgehen eben hat er gesagt, dass er sich sehr darüber freut, wie sehr du dich über ihn freust.«

Hmm. Mein Sohn freut sich, dass ich mich freue. Was soll das bedeuten? »Willst du damit sagen, dass er nur mir zuliebe Fußball spielt?«

Mona seufzte: »Das können wir jedenfalls nicht ganz ausschließen.«

Unser Sohn machte allerdings keinen außergewöhnlich gequälten Eindruck. Und überhaupt. Wann hatte mich zum letzten Mal jemand gefragt, ob ich Spaß an irgendetwas empfände. Warum sollte es dem Bengel besser gehen?

»Er will doch nur spielen, egal was«, sagte Mona.

»Ich auch«, entgegnete ich, »aber spielen allein genügt vielleicht in Brasilien oder Kamerun, wo Eleganz und Ballgefühl in den Genen liegen. Hier in Teutonien muss man sich den Erfolg erarbeiten. Spaß ist Luxus. Das kann ein Zehnjähriger ruhig schon mal erfahren. Ein Fußballverein ist ja kein Kindergarten. Dass wir Karl zum FC gegeben haben, war eine Entscheidung für sein ganzes Leben.«

Mona seufzte. »Es ist doch nur ein Fußballverein. Wenn er da keine Lust mehr hat, nehmen wir ihn einfach wieder raus und gehen woanders hin.«

Männer und Frauen können sich auch deswegen nicht verstehen, weil sie den Dingen unterschiedliche Bedeutungen zumessen. Besonders dramatisch ist es bei zusammengesetzten Substantiven, wie eben »Fußballverein«. Hier lauern gleich zwei Missverständnisse. Frauen kapieren weder die tieferen symbolträchtigen Schichten des Begriffs »Fußball« noch die gesellschaftlichen Implikationen des Wortes »Verein«.

Für Mona war ein Fußballverein so etwas wie ein Freiluft-Fitnessclub, dem man nach Belieben beitreten oder den Rücken kehren konnte. Für Männer hingegen ist ein Verein eine Herzensangelegenheit, Heimat, ein Zuhause, ein geistig-emotionaler Hafen. Ein Verein ist wie ein Auto, viel mehr als nur ein Fortbewegungsmittel: ein Bekenntnis. Ob einer zu Hertha geht oder zum SC Schöneberg, das ist ein Signal: Ist er Angeber, Leistungsfetischist, ist er verwurzelt in seinem Kiez, neigt er zu einem straff organisierten Klub oder einem Larifari-Haufen, wo nichts klappt, aber kontinuierlich familiäre gute Laune herrscht?

Und zweitens Fußball. Natürlich war es nicht egal, ob wir Karl nun zur Leichtathletik, zum Schwimmen, zum Volleyball, zum Tennis, zum Fechten oder eben zum Fußball gegeben hatten. Der Sport wird sein ganzes Leben prägen.

Würde er Volleyball lernen, wäre zum Beispiel eine universitäre Laufbahn programmiert. Volleyballer sind immer an der Uni, meistens in sozialwissenschaftlichen Fächern. Oder gleich Lehrer. Manche von ihnen stricken wahrscheinlich heimlich.

Tennisspieler dagegen sind durchweg Vertreter der Leistungsgesellschaft, und die Regeln sind in jedem Klub die gleichen: Wer einen Ferrari fährt oder wenigstens einen Porsche-Geländewagen, muss nicht gut spielen können. Je kleiner aber das Auto ist, desto besser muss sich sein Besitzer auf dem Court behaupten. Die Frauen sind zu braun und zu mager und träumen davon, vom drahtigen kroatischen Platzwart mal so richtig Privatunterricht zu bekommen. Ihre Männer tragen Schuhe mit Bömmelchen, sind im Vorstand und von Beruf Anlageberater, die unter den Neuanmeldungen unauffällig nach Kunden für ihren aktuellen Immobilienfonds suchen, der aber leider genauso floppen wird wie der letzte. Dafür haben sie den Klub mit ihren ökonomischen Fehlentscheidungen für zwei Generationen in die Pleite manövriert. Kinder, die in diesem Umfeld aufwachsen, enden bei einem Hedgefonds.

Schwimmer und ihre Eltern hingegen sind Autisten, Weltmeister im Kopfrechnen, die unentwegt austüfteln, wie viele Zehntelsekunden sie pro Bahn schneller kraulen müssen, um die Qualifikation für die Bezirksmeisterschaften zu schaffen, wenn man das Mittel der Halbfinalzeiten aus den letzten vier Jahren zu Grunde legt und die Wasserhärte in Relation zur Temperatur berücksichtigt.

Wirklich sympathisch sind eigentlich nur Handballer. Sie sind kräftige Burschen, die sich zu Lande und in der Stadt heimisch fühlen, sie können zulangen, trinken gern mal ein Bier, sind gut als Umzugshelfer zu gebrauchen und benötigen für ihren Sport zugleich ein Mindestmaß an Intelligenz. Wirklich gute Handballer sind selten brunzdumm.

Was man von Fußballern nicht sagen kann. Die Entscheidung für einen Sport ist also eine Entscheidung fürs Leben. Er wird diese eine Kultur einatmen, ihre Sprache, ihre Körperhaltung, ihre Witze. Handballer machen große weiche Schritte, Fußballer kleine harte. Schwimmer schlurfen gebückt, weil sie sich an Land unwohl fühlen. Tennisspieler schreiten.

Der Sport entscheidet über alles: Wird unser Kind reich? Berühmt? Kann es gut zuhören? Wird er ein Raubein? Oder homosexuell? Und welche Verschleißkrankheiten quälen ihn ab 40? Knie, Bandscheibe, Schulter oder Psyche? Letztendlich alles eine Frage des Sports.

Aber wie sollte man das einer Frau erklären? Vielleicht auf einem Umweg. »Willst du Franzi zur Schwiegertochter, Babs Becker oder Simone Kahn plus Disko-Luder?«, fragte ich in die Dunkelheit.

Mona rang nach Luft. »Keine«, sagte sie.

»Aber du siehst doch einen Unterschied, oder?« Ich spürte, dass sie nickte. Für mich war völlig klar: Ästhetisch toppte die Ex-Frau des Handballers die des Tennisspielers, welche aber wiederum deutlich vor der ehemaligen Fußballergattin lag. Vom Einkommen her lag der Kicker eindeutig vorn, denn Handballer verdienen praktisch nichts, dafür können Tennisspieler mit Geld nicht umgehen.

Wir lagen schweigend nebeneinander. Mona versuchte sich wahrscheinlich vorzustellen, wie Karl mit großen rechteckigen Brillanten im Ohr aussehen würde. Welche Motive er sich wohin tätowieren lassen würde. Und ob sie sich jemals mit einer solariumsgegrillten Shoppingzicke als Schwiegertochter abfinden würde, die mal Popsternchen war.

»Wie sieht eigentlich Frau Ballack aus?«, fragte Mona.

»Keine Ahnung«, erwiderte ich, »wahrscheinlich hat sie rote Haare.«

Wir schwiegen, während wir versuchten, die Konsequenzen einer Fußballvereinsmitgliedschaft auch nur annähernd zu übersehen. Wollten wir uns wirklich mit der Balltreterkultur einlassen? War Dirk Nowitzki nicht cooler? Oder Gari Kasparow? Oder Lothar Leder?

Welchen Umgang würde unser Sohn später haben? Rainer Calmund? Berti Vogts? Mayer-Vorfelder? Würde er auch mit einem Kosmetiktäschchen von Louis Vuitton aus der Kabine kommen und kreischenden Teenies, die nur seinen Körper wollten, huldvoll ein paar Autogramme auf die Zahnspange schreiben?

Fußballer als Sohn sind wahrscheinlich so problematisch wie Politiker. Der Vater von Oliver Kahn schämt sich vermutlich ähnlich stark wie der von Guido Westerwelle, wenn er im Fernsehen sieht, wie sich sein Spross zum Affen macht. Berühmt, aber peinlich – war es das, wozu unser Sohn bestimmt war? Noch ist es Zeit, auf eine Laufbahn als Physiker oder als Musiker umzuschwenken. Dafür müsste Karl allerdings etwas von Physik oder Musik verstehen. Und seine Eltern auch.

»Wir machen uns zu viele Gedanken«, sagte ich schließlich. Mona antwortete nicht. Sie schlief schon. Wahrscheinlich träumte sie von ihrem Sohn, dem Maler, der bis ins hohe Alter zu Hause wohnt und niemals eine Schwiegertochter mitbringt.

Sportschau

Auch wenn ihn keiner mag, ich sehe gern Reinhold Beckmann in der *Sportschau*. Er scheint ein netter Kerl zu sein, der auch nicht übertrieben viel von Fußball versteht. So wie ich. Karl bevorzugt Monica Lierhaus. Sie ist heute dran.

Erstes Spiel: Leverkusen – Wolfsburg. Ein Torschuss. »Abseits«, sagt Karl. »Unsinn«, sage ich. »Abseits«, sagt der Kommentator. Die eingeblendete Linie beweise es.

Zweites Spiel: Schalke – Hannover. Ein Schuss aus dem Strafraumgetümmel. »Kein Abseits«, sage ich. »Gleiche Ballhöhe, also Abseits«, sagt Karl. »Abseits«, sagt der Kommentator, »gleiche Ballhöhe.« Die Linie beweise es.

Die *Sportschau* wird auch immer langweiliger. Ich muss ohnehin noch Rasenmähen.

Uwe Mujela

Karls Panini-Heft ist eine fortwährende Demütigung für mich. Stundenlang blättert der Junge durch das Heft mit den Klebebildchen, immer wieder vor und zurück, murmelt Namen vor sich hin, vergleicht die leeren Rechtecke, blättert zurück, nickt oder schüttelt den Kopf. Karl hat ein phänomenales Gedächtnis für die absurdesten Namen völlig unbedeutender Fußballer. Leider nur bei Bundesliga-Spielern und nicht bei Englisch-Vokabeln.

Der Rotzbengel macht sich einen Spaß daraus, seinen alten Vater bloßzustellen. »Papa, weißt du, wo Ronny Kockel spielt?« Ich sage: »Rostock.« Das ist natürlich geraten, aber »Kockel« klingt nach Rostock, vielleicht wegen dem »ock«, oder weil es einfach ein ganz besonders unbekannter Name ist. Und ganz besonders unbekannte Namen assoziiere ich mit Rostock.

»Falsch, Ronny Kockel ist Ersatztorwart bei Bielefeld«, ruft triumphierend der Spross.

»Aber er war früher mal bei Rostock«, entgegne ich mit Bestimmtheit.

»Auch falsch«, sagt Karl. »Das hast du geraten. Ronny Kockel hat in Hildesheim gespielt.«

Wahrscheinlich wird mein Sohn eines Tages in die Medizingeschichte eingehen mit einer neuartigen Krankheit namens Fußballmultikognitivität.

Nächste Frage, nächste Demütigung: »Wo spielt Leandro da Silva?«

Tja, das ist so eine Sache. Klingt auf jeden Fall spanoid, portugiesois oder lateinamerikanisch. Wahrscheinlich Auswechselspieler der costaricanischen Nationalmannschaft. Woher soll ich wissen, wo Dingsbums da Silva kickt? Trickreiche Gegenfrage: »Hat der nicht neulich so ein Traumtor geschossen?«

Karl schüttelt den Kopf. »Nein, ganz bestimmt nicht. Und hör auf, solche hinterlistigen Fragen zu stellen. Ich gebe keine Hilfestellungen.«

Hmm, Karl sagt: »Ganz bestimmt nicht.« Das bedeutet, dass da Silva entweder verletzt ist, ganz weit hinten in der Abwehr spielt, immer nur auf der Bank sitzt oder wieder ein Ersatztorwart ist. Das ist es. Karl will mich foppen und fragt Reservetorhüter ab. »Klar, da Silva«, rufe ich und schlage mir mit der flachen

Hand vor die Stirn, »das ist doch der Ersatztorwart von, äh, hier, äh, sag schon …«

Karl fällt nicht darauf herein. »Gib doch zu, dass du's nicht weißt«, sagt mein eiskalter Sohn völlig ungerührt. »Leandro da Silva ist Abwehrspieler in Nürnberg. Wenig Bundesliga-Einsätze.«

Dieses Spiel kann man nicht gewinnen, schon gar nicht, wenn man das Panini-Album nicht auswendig gelernt hat. »Gib mir noch eine Chance«, flehe ich.

Karl nickt: »Aber die letzte: Wo spielt Bartosz Romanczuk?«

Gute Güte. Osteuropäer auf jeden Fall, Ungar, Pole, Tscheche vermute ich. »Nationalspieler?«, frage ich.

Karl schweigt.

Der exotischste Name, den ich kenne, lautet »Brdaric«. Thomas Brdaric hat den bemerkenswerten Satz geprägt »Ich habe nie die Verzweiflung verloren« und spielt beim VfL Wolfsburg. »Wolfsburg«, sage ich ohne lange nachzudenken, »der alte Romanczuk spielt beim VfL.«

Karl starrt mich an. »Woher weißt du das?«

Ich grinse triumphierend: »Kenn mich halt aus.«

Karl sagt: »Noch einen.«

»Okay, kein Problem, aber bitte nicht wieder so einen völlig exotischen ohne jedes Spiel.«

Karl sagt: »Okay, einen ganz einfachen, damit du noch ein bisschen weiterspielst: Wo spielt Owomoyela diese und wo nächste Saison?«

Herrje, Uwe Mujela, wieder so ein Name, den ich nie vorher gehört habe. »Welches Ministerium führte Karl-Dietrich Spranger?«, frage ich zurück.

»Entwicklungshilfe«, ruft Mona aus der Küche.

»Nicht vorsagen«, brülle ich zurück. Ich weiß genau, dass sich die Frau des Hauses beim Anrichten eines kohlehydratfreien Abendessens fast in die Hose macht vor Lachen, weil mein Knirps mich grillt.

»Sag schon Papa, wo spielt er?«

Tja, gute Frage. »Uwe« lässt auf deutsche Staatsbürgerschaft schließen. Die Mujelas waren wahrscheinlich eine Aussiedlerfamilie, die vor einem Jahrhundert aus Schlesien ins Ruhrgebiet kam, um in der Schwerindustrie zu arbeiten. »Mujela«, das klingt so ähnlich wie »Libuda«, und der war bei Schalke. Also schon mal Ruhrgebiet.

Oder ist er mit dem Schwung Russlanddeutscher gekommen, die Helmut Kohl nach der Wende als Wähler importiert hat? Ob Mujela besser Deutsch kann als Klose oder Prinz Poldi? »Spricht er unsere Sprache?«, frage ich.

»Papa, bitte«, sagt Karl flehend, »das ist sooo einfach. Er spricht fließend deutsch.« Vielleicht sogar als Einziger seines Vereins.

»Nürnberg«, sage ich.

»Falsch«, sagt Karl.

»Bochum«, sage ich.

»Noch falscher«, sagt Karl. »Das ist ja wirklich peinlich, Papa. Du kennst ja nicht mal Nationalspieler.«

Nationalspieler? Hatte man jemals Reinhold Beckmann sagen hören: Kuranyi, Ballack, Mujela?

Entrüstet entgegne ich: »Ich kenne doch nicht jeden Junioren-Nationalspieler oder die aus der U-17. Wenn du so viel Zeit hast, diese ganzen Mujelas auswendig zu lernen, um damit deinen Vater zu foppen, dann kommen garantiert deine Hausaufgaben zu kurz. Wir sollten uns deine Hefte mal wieder ganz genau ansehen.«

Karl bleibt ungerührt. »Papa«, sagt er ernst, »Patrick Owomoyela spielte bei Bielefeld, wechselte zu Werder und spielt bei Klinsmann im rechten Mittelfeld.«

Teufel, wie peinlich. »Ach, der Patrick«, rufe ich aus. Aber es ist zu spät. Karl straft mich mit vernichtenden Blicken. Jahrelang aufgebaute Autorität ist zerstört. Ab sofort werde ich jeden Tag eine Doppelseite Panini-Heft lernen.

Beckham

Echte Männergespräche finden bei uns im Auto statt. Noch im Hinsetzen checkt Karl, welche CD eingelegt ist. Bei Bedarf wechselt er blitzschnell. Meine Laune kann er in wenigen darauf folgenden Sekunden ablesen. Lasse ich, erstens, die CD einfach laufen, ist alles okay. Sage ich, zweitens, »Oooch, nöö, Karl, nicht schon wieder *Linkin Park*. Bitte, leg was anderes ein«, dann folgt er meist, ohne zu bocken. Drücke ich allerdings, drittens, kommentarlos die FM-Taste, dann ist klar: Ich will, dass nur das Radio zu mir redet, am liebsten *Deutschlandradio*. Aber das passiert eher selten. Und nur in diesem Fall sind die Voraussetzungen nicht so gut für ein vertrauensvolles Vater-Sohn-Gespräch.

Neulich fuhren wir im Auto zum Training. Wir hörten *Linkin Park*. Karl hatte mit schweigendem Missfallen beobachtet, wie ich die Fahrertür mühsam schloss. Ich konnte nirgendwo anfassen. Denn der Griff war abgefallen. Unser Auto funktioniert tadellos. 17 Jahre und immer noch eine stolze Erscheinung. Ein Kombi aus schwäbischer Produktion. Wir fahren.

Karl schweigt. Bestimmt malt er sich den gesellschaftlichen Super-Gau aus: Sein Vater versucht vor dem Vereinsheim, die Autotür ohne Griff zu schließen, indem er die Fingernägel in die Fuge zwischen Scheibe und Gummidichtung krallt, während die anderen Eltern in ihre kreditfinanzierten koreanischen Geländewagen klettern, deren Türen elektronisch ferngesteuert zuklappen.

Wir rollen auf eine rote Ampel zu. Ein Geländewagen koreanischer Herkunft überholt uns. »Ist rot, Idiot«, murmele ich. »Scheißkarre«, sekundiert Karl. Ich weiß, dass er es mir zuliebe sagt.

»Du kennst doch Becks?«, fragt Karl.

»Klar«, sage ich.

»Neulich habe ich im Fernsehen gesehen, wie die Söhne von Becks in einem Riesen-Rolls-Royce gefahren sind.«

»Wo hast du das gesehen?«

»Im Fernsehen. Und die haben die ganze Zeit auf der Rückbank mit einem Foto-Handy gespielt. Dabei brauchen die überhaupt kein Foto-Handy.«

Ich entdecke meine eigenen Argumentationsmuster: Was wir nicht unbedingt brauchen, das wollen wir auch gar nicht haben. »Einen Rolls Royce brauchen sie auch nicht«, sage ich.

Das Brauchen-Argument ist prima. Doof ist, wer etwas hat oder erstrebt, das er eigentlich gar nicht braucht: zu große Autos, zu große Wohnungen, zu viel Elektronik-Schnickschnack. Sachen zu haben, die man nicht braucht, bedeutet nur Ballast und macht Ärger, so lautet die pädagogische Botschaft. Diese Dinge können geklaut werden, kaputt gehen, sie kosten unnötig Geld und Nerven. Ich argumentiere verantwortungsbewusst und nachhaltig.

Das Brauchen-Argument funktioniert eine Weile, und zwar exakt so lange, bis die Kinder auf die Idee kommen, es auf ihre eigenen Eltern anzuwenden. Dann stellt sich heraus, dass genau die Sachen, die man nicht braucht, eigentlich am wichtigsten sind. Warum braucht Papa drei Paar Laufschuhe, warum zwei Rennräder, diverse Sonnenbrillen oder ein neues Handy, wenn das alte noch funktioniert?

»Ob die Söhne von Becks mit dem Rolls Royce zum Fußball-Training gefahren werden?«, fragt Karl.

Ich tüftele an einer Antwort. Die Tatsache, dass es für so eine lange, breite Karre vor dem Vereinsheim keinen Parkplatz gibt, überzeugt Karl bestimmt nicht. Der Neid der Mitspieler spricht ebenfalls nicht gegen, sondern für Rolls Royce. »Die dürfen nach dem Training mit ihren dreckigen Fußballschuhen bestimmt nicht in die Luxuskarre«, sage ich.

»Die haben einen Butler«, sagt Karl.

»Ach, und der leckt ihnen die Schuhe sauber?«, frage ich spitz.

»Der holt saubere Schuhe aus dem Kofferraum.«

»Schuhewechseln können wir gerne einführen«, sage ich, »nur ohne Butler.«

Wir rollen schweigend durch den Feierabendverkehr. Karl guckt konzentriert. Er malt sich bestimmt ein Leben im Rolls Royce aus, die neidvollen Blicke, den Rundumservice eines Dieners, der zugleich Leibwächter und Kumpel ist, so wie »Butler« bei *Artemis Fowl*. Ich stelle mir Mona als Victoria Beckham vor: Besenstiel mit Einkaufstüten. Jeden Abend, während die Kinder in der weiträumigen Garage spielen und die rosa Ledersitze des Rolls Royce mit wasserfesten Buntstiften bemalen, spielen Victoria und ich das gleiche Spiel: Ich rechne vor, wie viel ich in den letzten 24 Stunden verdient habe; sie hält dagegen, was sie in den letzten acht Stunden ausgegeben hat. Über ein gelegentliches Unentschieden wäre ich sehr froh.

Karl starrt angestrengt vor sich hin. Was beschäftigt ihn? Becks? Rolls-Royce? Foto-Handys? »Du, Papa«, sagt er plötzlich, »weißt du, warum ich Rolls Royce scheiße finde?«

Mein Goldjunge. Grübelt die ganze Zeit, welche Vorzüge unser Fahrzeug im Vergleich zu dem der Beckhams haben könnte. »Nein, Karl, warum denn?«, frage ich erwartungsvoll.

Karl schweigt. Er macht es spannend. »Ich weiß nicht«, sagt er dann.

Ich auch nicht.

Collina

Neulich sahen wir auf Eurosport zum 953. Mal Ausschnitte aus dem WM-Finale 2002. Für Karl war ohnehin klar, dass die Deutschen verlieren würden, schließlich hatten die Brasilianer Ronaldo und wir leider Kahn.

Karl starrte fasziniert auf den gestikulierenden Glatzkopf in Schwarz: Pierluigi Collina, der Schiedsrichter aus Italien. »Der spinnt total«, sagte er voller Andacht.

Dies war der Moment, in dem Karl beschloss, Schiedsrichter zu werden. Man musste sich nicht mit uneinsichtigen Trainern, lästigen Gegenspielern und noch lästigeren Mannschaftskameraden herumschlagen, sondern hatte immer einen Stammplatz. Die Aussicht auf einen Flachbildschirm außer der Reihe fand er ebenfalls reizvoll.

Ich las Karl aus der *Berliner Zeitung* vor: »›Auf einmal waren acht Spieler hinter mir her‹, erinnert sich Schiedsrichter Döhmland an die Partie SC Union 06 Berlin gegen Phönix 56 Ayyildiz. Auch Trainer und

Betreuer mischten sich in die Traube. Sie jagten den Schiedsrichter über den Platz, sie traten ihm in den Hintern. Durch einen Schlag ins Gesicht hat er seine Brille verloren.«

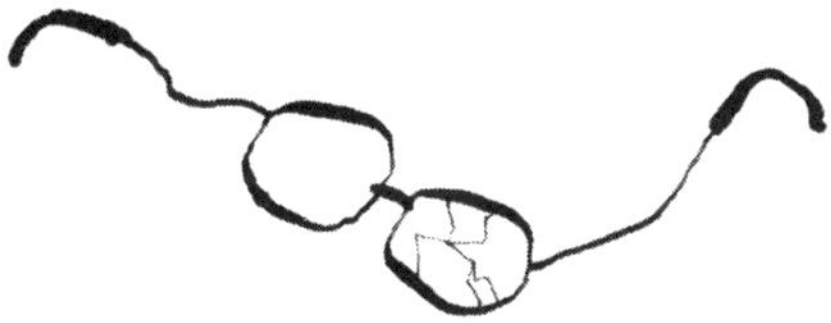

Karl hatte fassungslos zugehört. Seinen Berufswunsch »Collina« hat er schnell wieder vergessen: »Dafür laufe ich nicht schnell genug.«

Multikulti

Natürlich erziehen wir unseren Sohn zur Toleranz, zum verständigen Umgang mit anderen Kulturen. Unser Getränkehändler ist Türke, der Kneipier schräg gegenüber Schweizer und der Bäcker Ossi. Aber beim Fußball hört die Toleranz auf. Die Briten sind verdammte Chauvinistenschweine, nur die Holländer sind noch schlimmer. Die Österreicher laufen von vornherein außer Konkurrenz.

Neulich kam ein Kollege von Mona zu Besuch, aus London. Wir hatten die Klingel nicht gehört, aber Karl hatte die Tür geöffnet. Er kam in die Küche gestürzt und sagte aufgeregt: »Vor der Tür steht ein verdammtes Chauvinistenschwein.«

Das Einstecktuch

Wir haben nicht viele Bekannte aus richtig feinen Kreisen, aus jener Welt der Privatflugzeuge, Golfplätze und kiesknirschenden Auffahrten, wo sich Millionäre und Adelige mit kleinen hysterischen Juchzern und gehauchtem Doppelschmatz begrüßen. Eigentlich kennen wir nur ein Paar aus diesem Kosmos, aber das genügt auch. Er heißt August-Ferdinand, nicht sehr reich, aber angeblich über mehrere Dutzend Ecken mit den Habsburgs verwandt. Bei mir heißt er nur »das Einstecktuch«. Charlotte ist seine Gattin, mittlerer ostpreußischer Landadel. Sie trägt knielange Röcke, unauffällige pfundschwere Ringe, hat das Haar zu Würsten, Türmen oder Helmen auf dem Kopf gestapelt und kann mit Rouge nicht richtig umgehen. Charlotte sieht immer angemalt aus und macht einen angestrengten Eindruck. Ich frage mich jedes Mal, wie die beiden zu ihrem Kind gekommen sind.

Wir haben das Paar vor zehn Jahren kennen gelernt. Charlotte und Mona waren zeitgleich schwanger und haben praktisch nebeneinander entbunden, beide Söhne. Leopold hat mit Fußball allerdings nichts im Sinn. Er hat es mit Fechten versucht. Jetzt reitet er. Das sei auch Sport, erklären die Eltern. Natürlich, na klar, denke ich, für die Pferde vor allem.

Neulich waren Charlotte und das Einstecktuch nach langer Zeit mal wieder bei uns. Unsere 4-Zimmer-Altbauwohnung in Schöneberg ist nicht gerade blaublutkompatibel, aber gerade deswegen auch wieder ideal für verarmte Adelige: Sie sehen, dass es Leute gibt, denen es noch schlechter geht als ihnen. Wir bauen sie also wieder auf, ein Besuch bei uns, der Unterschicht, ist eine Art Psycho-Doping für den Unterschichten-Adel.

Wenn Charlotte, das Einstecktuch und ihr kleiner Prinz ihren Besuch ankündigen, was sie, wohlerzogen wie sie sind, immer mindestens eine Woche vorher tun, dann fängt Mona umgehend an aufzuräumen. Die Sofapolster werden ausgeschüttelt und abgesaugt, die Tischdecke gewechselt, und ich muss auf die Leiter klettern, um unsere eindrucksvollsten Bildbände aus den oberen Fächern herunterzuholen, die Mona dann abstaubt und repräsentativ im Wohnzimmer verteilt: die Speer-Biographie von Joachim Fest, ein Gauguin-Bildband und eine total zerknitterte *Lust* von Elfriede Jelinek, die ich vor Generationen und am Strand von Thailand gelesen hatte, wohin ich aus Liebeskummer geflohen war. Nach der Lektüre war es noch schlimmer.

Samstagmorgen schickt mich Mona zum Kuchenholen ins KaDeWe zum französischen Elite-Bäcker, der sich seine Zuckerbomben in Platin aufwiegen lässt. Karl soll zum Frisör, aber er weigert sich. »Leopold ist total langweilig«, mault unser Sohn, »mit dem kann man nicht mal Fußball spielen. Der will nur meine Comics lesen.« Comics gelten im Adelshaushalt nach wie vor als kulturelles Verfallssymptom. Vielleicht sollte ich einen *Playboy* auf dem Wohnzimmertisch platzieren, einfach nur, um zu sehen, ob Blaublütige rot werden können.

Sonntag, 15 Uhr 29 Minuten. Es klingelt. Das Einstecktuch, heute in zartem Lila, passend zum goldbeknopften Freizeitsakko in lebhaftem Dunkelblau, führt die Familie an. Kräftiger Händedruck. Doppelschmatz für Mona. Frau und Kind warten artig hinter ihm auf der Fußmatte.

»Na, was macht der Fußball?«, fragt das Einstecktuch meinen Sohn. Er will keine Antwort, sondern nur smalltalken, das Eis brechen am Anfang eines Besuches, das lernt man so in feinen Haushalten.

Aber das weiß Karl natürlich nicht. Er wähnt echtes Interesse. Und schon sprudelt er los. »Eigentlich cool. Letztes Wochenende, da war so 'ne totale Spackenmannschaft, gegen die wir gespielt haben, die waren so grottenschlecht, echt zu doof, um im Stehen zu pinkeln. Wir voll besser, aber der Schiri, diese blöde Ratte, verpfeift uns volles Rohr. Der Idiot hat uns zwei Elfer nicht gegeben. Mein Papa hat ihm nach dem Spiel auch gleich Prügel angedroht. Na ja, zum

Schluss haben wir doch noch 1:0 gewonnen, aber nur, weil der Blindgänger von Torwart einen Abschlag direkt vor unseren Stürmer gekickt hat, Murat, der Knipser. Und der hat dem Schwuli im Tor dann den Ball so richtig um die Ohren gepfeffert.«

Karl strahlte. Einen so ausgiebigen Spielbericht war er nur selten losgeworden. »Soso, Murat«, sagte das Einstecktuch.

Ich wollte im Boden versinken. Maximal die Hälfte dessen, was mein Sohn da gerade erzählt hatte, hatte ich überhaupt verstanden. Leopold blickte seine Eltern von unten herauf fragend an. Mit Kindern, die so sprechen, hatte er normalerweise keinen Umgang.

Ich betrachtete Charlotte unauffällig aus dem Augenwinkel. Sie war unter ihren quadratisch aufgebrachten Rouge-Inseln zart errötet, das Einstecktuch tat so, als habe er von Karls Vortrag alles kapiert und nichts zu beanstanden. Contenance. Aber ich sah, wie Gattin Charlotte ihrem Einstecktuch einen knappen Blick zuwarf, der nur eines bedeuten konnte: Gosse!

»Kommt doch rein«, sagte ich eilig und mit roten Ohren, denn unsere Gäste machten den Eindruck, als überlegten sie ernsthaft, den Ort des Proletentums auf der Stelle wieder zu verlassen.

»Wo steht ihr denn in der Tabelle?«, fragte das Einstecktuch, und Karl, der meine Erschütterung spürte, antwortete sehr einsilbig: »Fast Siebter.«

Wir bewegten uns ins Wohnzimmer. Charlotte machte nette kleine Bemerkungen über Monas neue

Kissen, die Jungs verkrümelten sich in Karls Zimmer. »Seit er im Fußballverein spielt, bringt er sehr eigenartige Ausdrücke mit nach Hause«, sagte ich entschuldigend, »und natürlich würde ich einem Schiedsrichter nie Prügel androhen. Das ist doch eine Respektsperson, und Kinder müssen lernen, Autoritäten zu akzeptieren.«

Das Einstecktuch nickte gelangweilt und griff nach dem Speer-Buch. »Ganz ordentlich«, sagte er, »auch wenn unsere Familie nicht in der ihr gebührenden Art und Weise bedacht wird.« Ich hatte nicht mal den Klappentext gelesen. »Na ja, der Fest«, sagte ich vorsichtig. Einstecktuch nickte. Ich fragte nach den Geschäften. Er presste die Fingerspitzen beider Hände vor dem Gesicht zusammen und guckte, als würde er von Günter Gaus zur Lage der Nation befragt.

Das Einstecktuch ging der profanen Beschäftigung des Anlageberaters nach, offenbar mit entwürdigend niedrigem Grundgehalt bei hoher Provision. Deswegen versuchte er auch bei jedem Besuch ganz unauffällig auszuloten, ob ich erstens die Bereitschaft und zweitens Geld genug hätte, in irgendwelche Immobilienfonds zu investieren. Hatte ich weder noch.

Während das Einstecktuch noch über die Seitwärtsbewegungen des DAX philosophierte, kam Karl ins Wohnzimmer gestürmt. »Wir Volltrottel«, rief er hektisch: »Heute ist doch Pokalfinale.«

Ach, du Schreck. Das Kind hatte Recht.

Mona räusperte sich vernehmlich aus der Küche,

wo sie mit Charlotte wahrscheinlich die letzte Ausgabe von *Psychologie heute* nachanalysierte. »Ihr wollt doch jetzt nicht Fernsehen gucken, oder?«

»Nicht Fernsehen, Mama: Fußball!«

Das Einstecktuch mischte sich ein: »Das ist doch eine lustige Idee. Ich habe schon ewig kein Fußball mehr im Fernsehen gesehen.«

Zehn Minuten später lagen wir vor dem Fernseher. Die Partie Schalke gegen Bayern war bereits in vollem Gange. Karl hatte die gesaugten Sofakissen auf den gesaugten Boden geworfen, ich hatte mir und dem Einstecktuch ein Bier geholt. Er konnte tatsächlich aus der Flasche trinken. Aus meinem Geheimversteck hatte ich eine Tüte Chips, Geschmacksrichtung Salt & Vinegar, hervorgezaubert.

Karl war begeistert. Der kleine Poldi stand unschlüssig herum, während sein Vater das Spiel kundig kommentierte. Er erwies sich als Schalke-Fan. Natürlich gewannen trotzdem die Bayern. Mona und Charlotte waren nicht zu sehen. Es war ein wunderbarer Nachmittag.

»Wir kommen jetzt jedes Jahr zum Pokalfinale«, sagte das Einstecktuch zum Abschied.

Ich mag Adelige, schon wegen ihres Traditionsbewusstseins.

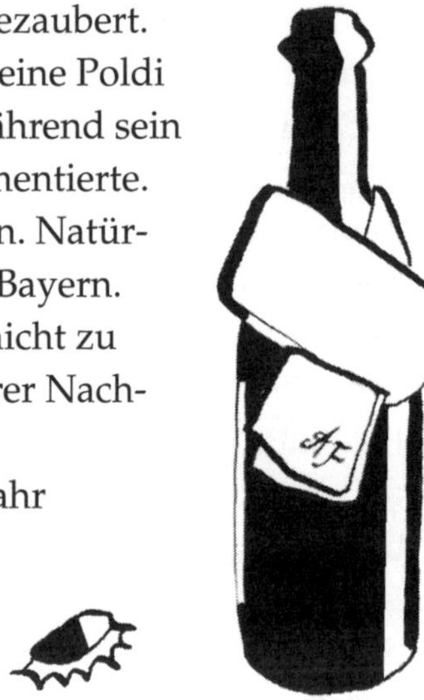

Tolle Holländer

Wenn Karl wüsste, wer Klaus Theweleit ist und was er schreibt, dann würde er zum Badminton wechseln. Karl ist Pazifist, eigentlich noch schlimmer, er ist auch noch Tier-, Pflanzen-, Umwelt-, Gewässer- und Luft schützer. Karl kann nicht mal Mücken etwas antun. Zu jedem Foul auf dem Fußballplatz muss er sich zwingen. Karl ist ein friedliebender Kicker.

Beim Kulturwissenschaftler Theweleit kommt ein zarter Charakter wie Karl nicht vor. Der deutsche Fußball sei Krieg, sagt dieser Wissenschaftler, da herrsche Kampf, die Spieler müssten sich durchbeißen. Theweleit kommt aus Freiburg und ist von Beruf kritisch. Seine Grundhaltung lautet: Immer sind beim Fußball die anderen besser, vor allem die Holländer. Während die Deutschen noch ihren Kriegsfußball spielen, erfinden die Holländer das Spiel ständig neu. Der Deutsche ist von Beruf Soldat, der Holländer Genie, sagt Theweleit. Ich hätte zwei Argumente dagegen: Breitner und Müller im WM-Finale von 1974.

Der britische Theweleit heißt David Winner. In seinem Buch *Brilliant Orange* will er beweisen, dass der Holländer einen »geometrischen Nationalcharakter« hat, der die Grundlage für ihren modernen Fußball bildet. Daher auch die langen, geraden Polder, fußballfeldeckige Tulpenfelder, Mondrian natürlich und eben Fußballtalent.

Karl hat keinen deutschen und keinen geometrischen Charakter. Müssen wir schon wieder zum Sportpsychologen? Oder haben all die krummbeinigen Intellektuellen das Wesen des Fußballs womöglich nicht kapiert: Modern ist nicht, was geometrisch ist, sondern was siegt. Karls Mannschaft hat gegen Rudow 3:0 gewonnen. Aber die Holländer noch nie bei einer WM. Dr. Theweleit, erklären Sie!

Die Loge

Manchmal abends, wenn Karl nicht einschlafen will, erzähle ich ihm eine Geschichte wie diese:

Es war ein Mittwochabend im Mai 1979. Der Regensturm fegte den jungen Fußballfan fast vom Fahrrad. Schwarz-weiß-grün, das waren die Farben des langen

Wollschals, der schwer und voll gesogen fast in die Kette hing. Monatelang hatte der Junge seine Mutter bekniet, ihm diesen Schal zu stricken.

Der junge Fußballfan keuchte und fror im Dunkeln und hatte Mühe, am Hinterrad seines Vaters zu bleiben. Aber er strampelte weiter. In der Ferne markierten Flutlichtmasten ihr Ziel: das Preußen-Stadion. Er war elf. Es würde sein erstes großes Fußballspiel werden.

Preußen Münster gegen Borussia Dortmund – das Spiel der Spiele: Der Sieger hat die besten Chancen, in die 1. Bundesliga aufzusteigen. 40 000 Fans geht es wie dem Jungen mit dem Schal. Sie sind nass, aber die Vorfreude hält sie von innen warm. Im Stadion sind alle gleich. Denn der Regen peitscht unter das viel zu kurze Dach der Tribüne und durchweicht auch die Anzugträger.

In der Südkurve auf den Stehplätzen wird man dagegen kaum nass, so eng stehen die Leute. Fußballgucken ist eine sehr körperbetonte Angelegenheit. Man riecht, man drückt, man stützt, man herzt den Nachbarn. Gelegenheit gibt es genug. Denn Preußen Münster gewinnt 4:1.

Aufgestiegen ist dann leider doch Borussia Dortmund. Aber für den Jungen auf dem Fahrrad liefert dieser Abend Gesprächs- und Erinnerungsstoff für ein ganzes Leben.

»Warst du das?«, fragte Karl schläfrig.

»Ja, mein Junge.«

Er gähnte. »Am Samstag sind wir in der Loge«, sagte Karl.

»Deswegen habe ich dir die Geschichte erzählt«, erklärte ich. Er verstand nicht, was ich meinte und schlief ein.

Am Samstag fahren wir mit dem Auto im Schneeregen zum Olympiastadion. Zwei Treppen aus der Tiefgarage führen direkt in den VIP-Trakt. Hostessen in dunkelblauen Kostümen geleiten uns in die privaten Räumlichkeiten. Die Loge ist in dunklem Holz gehalten. In der Mitte ein Esstisch mit einem Dutzend Gedecken. Wir begrüßen Bekannte vom Einstecktuch.

Einige von ihnen tragen Polohemden, andere Krawatten. Es gibt eine Menge Leckereien und freundliche Damen, die alle fünf Minuten fragen, ob sie noch mehr bringen dürfen.

Auf dem großen Flachbildschirm läuft *Premiere*. Dort sieht man, wie sich die Spieler unten auf dem Rasen warm machen. Das Gegröle der Fans dringt nur sehr verhalten durch die Panorama-Glasscheibe. Für einen Moment treten Karl und ich auf die Terrasse vor der Loge. Igitt, Regen. Ein Blick in die Runde. Die Fans machen La Ola. Die Welle läuft über den Logentrakt hinweg. Niemand macht hier mit. Früher haben die Fans vor Empörung gepfiffen. Inzwischen haben sie sich daran gewöhnt.

Karl zieht mich zurück hinter die Glasscheibe, dort ist es wärmer. Das Spiel beginnt. Die Logengäste verfolgen es mehrheitlich im Fernsehen. Karl versucht mit einer Wolldecke auf den Beinen in einem Schalensitz auszuharren, so wie er es von den Profis im TV gesehen hat. Doch draußen ist es zu kalt und zu nass, und man sieht nicht so gut wie am Bildschirm.

Wir gucken auf *Premiere* das Spiel, das keine 100 Meter entfernt ausgetragen wird. Das Spiel läuft so vor sich hin. Es ist bedeutungslos. Das Drumherum lenkt ab. Als Erinnerung an diesen Nachmittag wird Karl die frittierten Käsestangen behalten. Und dass Hertha BSC gespielt hat. Gegen wen? Weiß er nicht mehr. Ergebnis? Egal.

Fußball in der Loge ist das Fernsehen der Zukunft,

Realitätsersatz, aber mit Event-Charakter. Es riecht nach Stadion, die Fan-Gesänge werden per Lautsprecher verstärkt, Bildschirme mit tobenden Fans in Großaufnahme sorgen für Atmosphärenverstärkung.

Das Stadion der Zukunft wird aus noch mehr Logen bestehen. Wo früher die normalen Zuschauer waren, sind dann Wände mit bunten Mustern, die so aussehen wie voll besetzte Ränge – so wie heute schon im Düsseldorfer Stadion. In einer Kurve werden Stadionangestellte in Kostümen, mit Instrumenten und Fahnen ausstaffiert, professionell Stimmung machen. Die Kameras werden ihr Treiben einfangen und tausendfach verstärken.

Aber den Besuchern wird etwas fehlen. Sie langweilen sich. Fußball müsse interaktiver werden, stellen Marketingexperten fest, so wie ein Computerspiel. Das würden die Zuschauer erwarten. Die Logensponsoren werden darauf drängen, dass Spieler per Knopfdruck ausgewechselt werden können. Leider werden die Spiele dadurch nicht besser. Und die Zuschauer langweilen sich noch mehr.

Das ist der Moment für meine sensationelle Geschäftsidee: Ich werde Fußball-Interessierten anbieten, sich lange vor dem Spiel in der Stadt zu treffen. Dort können die Menschen unter der Anleitung von Experten fachsimpeln und alte, längst vergessene Fan-Gesänge einüben. Dann fahren wir gemeinsam mit der U-Bahn zum Stadion, dicht gedrängt. Wir laufen einen weiten Weg, auch bei schlechtem Wetter.

Endlich spüren die Leute wieder Vorfreude. Es macht ihnen nichts aus, sie genießen es sogar, zwei Stunden lang stehen und frieren und brüllen zu müssen. Sie sind glücklich.

Immer mehr Logen-Sponsoren sind bereit, astronomische Preise zu zahlen, um ihren Kunden diesen exklusiven Live-Event zu präsentieren. Unglaublich: Echter Fußball in der Südkurve.

Das Turnier

Vorbereitung
Fußball ist eine fortwährende Zen-Übung. Nein, ich rege mich nicht auf, wenn ich sonntags um kurz nach sieben aufstehen muss. Nein, es macht mir nichts aus, Karls Schienbeinschützer zu suchen, während er heulend auf seinem Bett sitzt und melodramatischer als seine Mutter verzweifelt, weil wir angeblich zu spät kommen.

Ja, ich freue mich unbändig, dass ich den ganzen Tag auf einem Sportplatz zubringen darf, zwischen schlecht erzogenen Bengeln, ihren dickbäuchigen Vätern, die einen Trainingsanzug für Sonntagsstaat halten, und Müttern, die ihre künstlichen langen Fingernägel in saharatrockene, gehwegplattengroße Streuselkuchenstücke graben, die völlig zu Recht nur 50 Cent kosten.

Karls Schienbeinschoner liegt unter dem Bett, wie immer. Warum weiß er das nicht? Wie alt müssen Menschen werden, um zu kapieren, dass Dinge, die man sucht, nie da liegen, wo sie idealerweise liegen sollten, sondern immer woanders, nach einem relativ klaren Muster allerdings. Ein Schlüsselbrett ist doch auch nur zu dem Zweck erfunden worden, dass man mit Sicherheit weiß, dass es einen Ort gibt, an dem sich der Schlüssel garantiert nicht befindet.

Theoretisch sollten Schienbeinschoner am Fenstergriff hängen, in der Nähe von Hose und Trikot, die Karl dort zum Lüften ausgebreitet hätte haben sollen. Praktisch aber ist es so, dass Karl, sobald er vom Training zurückkehrt, in heller Panik an seinen Schreibtisch springt, weil ihm einfällt, dass er die Mathe-Hausaufgaben vergessen hat. Danach packt er die Schultasche für den nächsten Tag, ist mental allerdings schon in der Badewanne, während Mona ruft, dass das Abendessen in fünf Minuten fertig sei.

Karl setzt sich auf sein Bett, reißt sich das inzwischen weitgehend getrocknete Trainingshemd vom Leib und stopft es in den Schulsportbeutel, zugleich kramt er in der Fußballtasche nach dem Stirnband. Das liegt ganz unten. Also schaufelt er den Tascheninhalt auf den Boden. Na endlich, er hat das Stirnband gefunden. Mona ruft wieder. Er schaufelt die Fußballklamotten eilig zurück in die Tasche, aber nur einen Teil. Der Rest landet unter dem Bett, natürlich auch die Schienbeinschoner.

Deswegen liegen Schienbeinschoner nie in der dafür vorgesehenen Tasche oder gar zum Lüften vor dem Fenster, sondern fast immer unter dem Bett. Das ist Realpolitik. In welcher Phase eines Menschenlebens akzeptiert man die Dinge, wie sie sind? Mit zehn jedenfalls nicht.

Karl heult immer noch. »Wir müssen los«, jammert er. »Trainer Dieter wird total sauer, wenn ich zu spät komme.« Trainer Dieter, Trainer Dieter, immer Trainer Dieter. Wieso hat Karl vor diesem Fußballheini mehr Angst als vor mir? Die Hauptautorität im Leben meines Sohnes bin hoffentlich noch immer ich. »Wir kommen nicht zu spät«, beruhige ich.

Zu gern hätte ich wenigstens noch einen Kaffee getrunken und einen Blick in die Sonntagszeitung geworfen. Doch Karl steht vor mir, die Tasche geschultert, die Augen getrocknet, den Autoschlüssel, mein Portemonnaie, das Handy und die Sonnenbrille in der Hand. »Frühstücken können wir bei Arminia, hat Trainer Dieter gesagt«, erklärt Karl.

Seufzend ziehe ich meine teuersten Laufschuhe an. Die Kunst für einen Fußballverächter besteht darin, auf dem Fußballplatz sehr sportiv auszusehen, aber nicht wie ein Fußballer.

Am Vereinsheim warten schon Kevin und Murat. Sie sind mit dem Fahrrad gekommen. Pünktlich. Der erste kleine Lichtblick eines durch und durch verpfuschten Tages. Ich verfluche die naive Hilfsbereitschaft, die mich vor Monaten dazu trieb, beim Elternabend meinen Arm zu heben, als Trainer Dieter in die Runde fragte, wer Lust habe, als Betreuer mit zum D-Jugend-Turnier zu Arminia Lichterfelde zu kommen. Ich wollte nur Eindruck schinden bei Trainer

Dieter, um Karls nicht sehr stabilen Platz im defensiven Mittelfeld zu festigen.

Wie konnte ich ahnen, dass ich ausgewählt werden würde? Ich war davon ausgegangen, dass ein Dutzend Arme in die Luft fliegen würde. Aber meiner blieb der einzige. Die Blicke der Umsitzenden changierten zwischen anerkennendem Nicken und gehässigem Grinsen. »Schön, dass sich wieder mal jemand freiwillig meldet«, hatte Trainer Dieter gesagt und zwei-, dreimal geklatscht. Daraufhin patschten alle Eltern die Hände zusammen, vor allem aus Erleichterung, weil es sie nicht getroffen hatte.

Wenn sich keiner meldet, so erfuhr ich später, dann brummelt Trainer Dieter, dass er wieder mal alles allein machen müsse, die Eltern schauen zu Boden, jemand spendiert ihm ein Bier, und die Sache ist geritzt. Oder aber es ist wirklich notwendig, dass ein weiterer Betreuer mitkommt: Dann spricht Trainer Dieter Väter direkt an, vor allem die gutmütigen. Wem nicht ganz schnell eine ganz gute Ausrede einfällt, die obendrein noch mit den Erzählungen der Jungs harmoniert, der ist dran. Dass sich allerdings jemand freiwillig meldet, kommt so gut wie nie vor.

Inzwischen wusste ich auch, warum. Als Betreuer war ich eine Kombination aus Fahrdienst, Zeugwart und Assistenztrainer. Es brauchte etwa 15 Telefonate, bis feststand, dass Murat und Kevin am Vereinsheim auf uns warten würden, während die anderen Spieler, wie auch immer, allein zu Arminia kommen würden.

Auf dem Rückweg sollten wir Marcel und Patrick mitnehmen, während Murat mit seinem Onkel fahren, der Konditionstrainer bei Fenerbahce Neukölln ist und als Betreuer der D-Jugend ebenfalls beim Arminia-Turnier sein würde. Außerdem musste ich die Trikots von der Mutter von Dennis holen, deren Waschmaschine den Geist aufgegeben hatte, leider bevor sie die Trikots hatte waschen können. Die Bälle immerhin würde Trainer Dieter mitbringen.

Mona hatte sich die Nase zugehalten, als ich mit der großen Aldi-Tüte die Wohnung betrat, in der sich ein Dutzend Fußballerhemden befanden, die ein Aroma wie Chlorgas entfalteten. Ein Fall für den Sondermüll. Dabei war der scharf-säuerliche Geruch der von 48 Stunden in einem Plastikbeutel gelagerten Kunstfaser-Hemden gar nicht so schlimm. Es war eher das Brennen in den Augen, sobald man sich über die Tütenöffnung beugte.

Ich versuchte, die Hemden direkt von dem Plastikbeutel in die Waschmaschine zu leeren. Vergeblich. Bis auf eines fielen alle vor die Maschine, so dass sich das Aroma erst richtig entfaltete. Ohnmacht befiel mich. Wo waren die Gummihandschuhe? Mir wurde schlecht. Ich dachte an Zen. Ommm.

Es war fünf nach acht, als ich mit Karl, Murat, Kevin und den Trikots vor dem Arminia-Sportgelände hielt. Die Jungs hatten auf der Rückbank den gestrigen Bundesligaspieltag analysiert. Mir war es erstmals gelungen, das törichte Geschwatze zu überhören und unkommentiert zu lassen. Ich würde mich nicht aufregen an diesem Sonntag. Nein, diesmal nicht.

Der Parkplatz war längst voll. »Wir steigen schon mal aus, Paps«, rief Karl. Himmlische Ruhe im Auto. Noch nie hatte ich mich derartig gefreut, keinen Parkplatz zu finden. Erst nach eineinhalb Kilometern zeigte die Blechschlange am Straßenrand erste Lücken. Offenbar waren auch andere Eltern hier. Und alle waren noch früher aufgestanden als ich.

Die Schlacht

Arminia ist bekannt für seine umfängliche Jugendarbeit. Der Klub beschäftigt sogar einen eigenen Jugendtrainer, der von der A-Jugend bis zu den Bambini so um die 40 Mannschaften koordiniert. Der Herr hat mein aufrichtiges Beileid. Ein heißer Kandidat für ein Bundesverdienstkreuz.

Für das D-Jugend-Turnier hatten 16 Mannschaften gemeldet. In vier Vierergruppen spielte jeder gegen jeden, zweimal sieben Minuten. Jeweils die beiden Gruppenbesten kamen in die Hauptrunde, die jeweils letzten beiden in die Trostrunde. Jeder Einzelne der 16 Ränge sollte ausgespielt werden. Das Verfahren war so fair wie gnadenlos. Am Ende des Tages stünde nicht nur das beste, sondern auch das schlechteste Team fest. Platz 16 von 16 Teilnehmern – wie grausam. Und ich durfte bis zum letzten Spiel dabei sein.

Trainer Dieter war entsprechend nervös. Im ersten

Spiel ging es gleich gegen Spandau, eine Art Angstgegner. Als Betreuer hatte ich das Recht, bei der Mannschaftsbesprechung dabei zu sein. »Spielt nicht so eigensinnig«, schärfte Trainer Dieter seinen Jungs ein, »achtet auf euren Nebenmann, spielt ab, wann immer es geht.« Ich nickte mit grimmigem Blick. Karl guckte mich mit leerem Blick an. So konzentriert hatte ich ihn noch nie erlebt.

Anpfiff. Ich stand neben Trainer Dieter und fühlte mich wie Jogi Löw. Es würde der Moment kommen, in dem Trainer Dieter mich konsultieren würde. Ich würde ein nachdenkliches Gesicht machen, während klare, sparsame Handbewegungen meine komplexen taktischen Gedankengänge unterstrichen. Der Cheftrainer würde nicken und daraufhin eine Auswechslung oder Umstellung vornehmen. So jedenfalls sah es im Fernsehen immer aus.

Kevin führte den Anstoß aus und gab den Ball zu Murat. Der versuchte sogleich ein Solo, das in den Beinen der Spandauer hängen blieb. Ein schmächtiger Blonder drosch den Ball nach vorn, Richtung Karl. Von hinten näherte sich sein Gegenspieler, ich brüllte »Achtung! Karl! Hintermann!«, Karl guckte zu mir, der Spandauer nutzte den Moment der Unaufmerksamkeit, kam an den Ball, drehte sich, machte drei, vier Schritte aufs Tor und peng, 1:0. In der ersten Minute.

Karl schickte mir einen Blick von der Sorte, wie ihn Väter niemals in ihrem Leben bekommen möchten. Ich machte ein aufmunterndes Handzeichen. Karl drehte sich weg und stapfte in die entgegengesetzte Richtung des Platzes.

»Hier brüllt nur einer, und das ist der Coach«, sagte Trainer Dieter schroff. Ich nickte und murmelte »'schuldigung«. Karls Mannschaft mühte sich verbissen um den Ausgleich. Angriff auf Angriff rollte auf das Spandauer Tor, aber immer blieb der Ball irgendwo hängen.

In der zweiten Halbzeit holte Trainer Dieter Karl vom Platz und brachte den offensiveren Egon, der angeblich legendäre Weitschüsse beherrschte. Leider zeigte er keinen einzigen. Das Spiel endete 0:1.

Karl kam auf mich zugestapft. »Es ist deine Schuld, dass wir verloren haben«, sagte er so laut, dass es die anderen Jungs hören mussten. Der Rotzlöffel hatte sie wohl nicht mehr alle. Mich hier bloßzustellen vor diesen kleinen, feixenden Hyänen.

»War es mein oder dein Abwehrfehler«, fragte ich ansatzlos zurück. Karl antwortete nicht und ging davon.

Dafür kam Trainer Dieter auf mich zu: »Motivation geht anders«, sagte er knapp.

Es wurde immer bizarrer. Nun war ich der Buhmann, ausgerechnet ich, der nichts anderes getan hatte, als verstunkene Leibchen zu waschen, früh aufzustehen, seinen Sonntag zu opfern und kurz vor der polnischen Grenze zu parken. Tief verletzt suchte ich den Stand mit belegten Brötchen auf. Sollten die kleinen Klugscheißer und ihr Oberbesserwisser doch sehen, wie sie alleine zurecht kamen.

Das Käsebrötchen hatte die Konsistenz eines Marshmallows, dafür war der Kaffee lauwarm. Ich setzte mich auf eine Bank und sah einem Spiel der beiden anderen Mannschaften aus unserer Gruppe zu: Germania Zehlendorf gegen Türkiyemspor Gropiusstadt. Klarer als an diesen zwölf Bengeln war nirgendwo zu beobachten, welche Welten in dieser Stadt aufeinander trafen: Kampf der Kulturen in der D-Jugend.

Hier acht blonde Jungs, die ihre Spitznamen (2x »Flori«, »Basti«, »Benni«) auf dem Trikotrücken trugen – klares Signal, dass die Eltern bereit und in der Lage waren, mal eben einen Satz sündhaft teurer Hemden zu finanzieren. Der Trainer sah aus wie ein älterer Sportstudent, der entschlossen die Besserwissereien jener Mütter überhörte, die Übungseinheiten ihres Sohnes um Weisheiten aus ihrem Pilates-Kurs bereichern wollten.

Auf der anderen Seite die Gropiusstädter – in ausgewaschenen Streifenhemden, die schon zu Zeiten von Brandts Kanzlerschaft im Einsatz gewesen sein müssen – durchweg schwarzschöpfig, die, ich schwöre, Murat, Osman und Rifat hießen. Ihr Trainer sah aus, als trage er den Trainingsanzug seit seiner Entlassung als Schiffsschaukelbremser. Er war unverkennbar Urberliner und Schultheiss sein bester Freund. Die Spieler nahmen ihn offenkundig nicht ernst. Wahrscheinlich hatten sie keinen anderen.

Die Gropiusstädter waren kleiner, flinker, geschickter mit dem Ball, aber auch eigensinniger. Zehlendorf war von der harten Hand eines Trainers geführt, der früher einmal als Fremdenlegionärsausbilder gearbeitet haben musste. Kaum dribbelte ein Junge alleine los und blieb stecken, da wurde er rigoros ausgewechselt. Die Methode war hart, aber sie schien zu funktionieren. Hatte einer der blonden Jungen den Ball, da blickte er sich auch schon hektisch um, um zu sehen, wohin er wohl abspielen könne. Die Angst vor der Auswechslung erzwang viele Pässe. Gefährlich vors Tor kamen sie damit aber auch nicht.

Ohnehin war der Druck auf die Jungs erheblich. Die Eltern hatten sich rund um das Spielfeld postiert, um ihren Spross auf seiner jeweiligen Position anzufeuern. Eine Mutter lehnte am Pfosten und brüllte ihrem torhütenden Sohn pausenlos ins Ohr. Schwitzend trabte ein nicht mehr ganz junger, nicht mehr ganz schlanker Vater die Außenlinie auf und ab, um Flori I Instruktionen zu geben, wohin er abspielen solle. Bei den Eltern herrschte offenbar nicht weniger Angst vor Auswechslung.

Als Flori II aus einem Gewühl heraus das 1:0 erzielte, liefen die Eltern aus allen Ecken des Spielfeldes zusammen und fielen sich in die Arme. Fäuste reckten sich in den Himmel, Frauenkreischen überschlug sich. Die gegnerischen Eltern aus dem osmanischen Kulturkreis wurden mit triumphierenden Blicken bombardiert, so als habe man sie gerade noch vor Wien gestoppt.

Als Murat kurz vor Schluss nach einem feinen Solo das 1:1 gelang, klatschten die Gropiusstädter Eltern artig, und Murats Vater führte ein kleines lustiges Tänzchen auf. Die Germanen gerieten außer sich, sie brüllten, sie tobten, sie peitschten ihre Floris nach vorn. Doch die trauten sich nichts und schoben den Ball verlegen von einem zum anderen, bis der Schlusspfiff ertönte.

Das Rahmenprogramm

Kinderturnier, das klingt nach toller Jugendarbeit und engagierten Vereinsheinis. In Wirklichkeit ist es nur eine Masche, um Geld in die Klubkasse zu bekommen. Man hält die Spielermütter an, aus einer billigen Backmischung mit Hilfe von großen Mengen Zucker und Butter etwas herzustellen, was entfernt an Kuchen erinnert. Väter mit Metro-Karte werden mit ihren Lieferwägen losgeschickt, Großgebinde Negerküsse, Schokoriegel und Hektoliter angeblich isotonischer Zuckerbrause herbeizukarren. Die Gönner des Vereins schließlich werden um Tombolapreise angegangen. Hauptgewinn: ein Wochenende im Cabrio der Marke Mercedes SLK, gestiftet von der Tankstelle Baumeister.

Wo eigentlich Fußball gespielt werden soll, tobt also in Wirklichkeit ein Volksfest. Mochte es auch pädagogisch unsinnig sein, so kam mir die Amüsiermeile unter den selbst gezimmerten Ständen unter der Malerplane doch ganz recht. Denn Karl hatte seinen Zorn auf mich schon fast vergessen, als ich ihm vorschlug, ein paar Tombola-Lose zu erwerben.

Ich gab ihm einen Zehn-Euro-Schein. Er blickte mich mit großen Augen an und fragte: »Alles?« Als genug Mitspieler in Hörweite standen, antwortete ich lässig: »Klar, Karli, kauf zwanzig Lose. Und schenk jedem deiner Mannschaftskameraden eins.« Die Bande stürmte geschlossen los. In ihrem Ansehen war ich schlagartig wieder auf einer Top-Position. Sie funktionieren ja doch sehr praktisch, diese korrupten Lümmel.

Wenig später kam eine johlende Bande zurück: Stolz präsentierten sie Schokoriegel, Gummibären, eine Familienpackung Erdnüsse, Buntstifte aus chinesischer Produktion, ein Blasrohr, ein ziemlich veraltetes Handy mit Prepaid-Karte und ein Los für die große Finalziehung. Die sollte gleich nach der Siegerehrung stattfinden und den Sieger für das Cabrio-Wochenende ermitteln.

Dennis, der das Handy gewonnen hatte, hielt mir einen Stift und ein Stück Papier hin, als Trainer Dieter angestampft kam. Er war sichtlich sauer. »Ihr spielt in drei Minuten, verdammt noch mal«, schnaubte er. »Und anstatt euch mit dem Scheiß hier voll zu stopfen, solltet ihr euch lieber warm halten und locker mit dem Ball arbeiten. Wollen wir uns hier denn den ganzen Tag blamieren? Los jetzt, hopp, auf die Wiese, aber schnell.« Ich kritzelte noch eilig eine Unterschrift auf das Papier von Dennis, es war wohl so eine Art Abholschein.

Dann war ich bei Trainer Dieter an der Reihe. »Merken Sie eigentlich gar nicht, dass Sie pausenlos Unruhe in die Mannschaft bringen? Wie soll ich denn mit den Jungs ein Spiel gewinnen, wenn Sie alles sabotieren?«

Na fabelhaft, jetzt war ich wieder schuld. »Vielleicht sollten Sie einfach etwas besser trainieren«, entgegnete ich. Zugegeben, das war nicht besonders originell. Es half auch nicht.

»Es wäre schon viel geholfen, wenn Sie Ihre Angebereien unterließen und die Kinder nicht mit Tombolagewinnen verrückt machen.«

Das Spiel gegen Germania rettete meine Ehre. Die Standpauke von Trainer Dieter hatte dermaßen gesessen, dass sich die Jungs plötzlich an alles zu erinnern schienen, was sie im Training oder im Fernsehen jemals gesehen hatten.

Karl stand wie eine Wand in der Abwehr. Sein dritter langer Ball nach vorn landete vor den Füßen von Kevin, der zwei Gegenspieler aussteigen ließ und cool zum 1:0 einschob. Ein gelungener Doppelpass von Kevin und Murat brachte das 2:0. Karl spielte, ohne ausgewechselt zu werden. Zwar gelang einem Flori noch das 2:1, doch das war egal. Unsere Jungs waren wieder im Spiel. Drei Punkte, zwei zu zwei Tore – das war eine gute Ausgangsbasis für die letzte Partie gegen Türkiyemspor.

Nach dem Spiel kam Trainer Dieter auf mich zu. Er war unverhohlen stolz auf seine Mannschaft. »Dass man immer erst laut werden muss …«, brummelte er. Es klang wie ein Friedensangebot.

In einer halben Stunde stand bereits das Spiel gegen die Gropiusstädter an. Unsere Jungs waren plötzlich vom Ernsthaftigkeitsvirus infiziert. Sie trabten auf der Wiese neben den Fußballplätzen wie Bundesligaspieler, die sich warm hielten, während sie auf ihre Einwechslung warteten. Sie vollführten Sprünge, dehnten sich, traten zu kurzen Sprints an, spielten sich auf kurze Entfernung schnelle Bälle zu. Die Jungs von Türkiyemspor saßen im Gras, tranken Cola und schauten interessiert, was ihre baldigen Gegner da trieben. Beeindruckt sahen sie nicht aus.

Drama Neunmeterschießen

Das Spiel begann verhalten. Türkiyemspor hatte zweimal 1:1 gespielt, unsere Jungs hatten einmal gewonnen, einmal verloren. Beide hatten also 2:2 Punkte und 2:2 Tore. Bei einem Unentschieden würde es Neunmeterschießen geben. Nur nicht in Rückstand geraten, hatte Trainer Dieter seinen Spielern eingeschärft.

Meinem Karl kam eine Schlüsselrolle in der Abwehr zu. Er stand souverän in der Verteidigung, einige Male säbelte er den gegnerischen Stürmer so grob um, dass der Schiedsrichter versucht war, ihm eine Zeitstrafe zu verpassen. Aber Karl hob immer voller Unschuld die Hände. Das hatte ich ihm mal geraten, nachdem ich es im Fernsehen gesehen hatte. Schaden konnte die Geste nicht, jedenfalls so lange keine

Sanitäter herbeieilten, um das Opfer vom Platz zu tragen. Doch auch die Gropiusstädter zogen es vor, zurückhaltend zu spielen. Nach Ende der Spielzeit stand es 0:0. Ein Neunmeterschießen musste die Entscheidung bringen.

Jeweils drei Schützen sollten abwechselnd exekutieren. Türkiyemspors Torwart war überraschend groß und sah geschmeidig aus. Der dicke Lothar war Aushilfskeeper in Karls Mannschaft und durfte nur mit zum Turnier, weil alle anderen keine Zeit gehabt hatten. Der dicke Lothar war weder groß noch geschmeidig. Trainer Dieter bestimmte die Schützen. Vorsichtig hob Karl den Arm, um zu signalisieren, dass auch er bereitstand, einen Neunmeter eiskalt zu verwandeln. Doch Trainer Dieter entschied sich für Kevin, Dennis und Murat.

Den ersten Schuss machte Türkiyemspor. Eiskalt links flach. Keine Chance für den dicken Lothar. Dann Dennis. Er trat an, beschleunigte, bremste dann aber kurz vor dem Ball ab, warf einen kühnen Blick zum Torwart, als wolle er prüfen, in welche Ecke der sich bewegt. Doch Dennis kam aus dem Tritt und bohrte seinen Schuh in den Kunstrasen. Der Ball hoppelte gerade mal bis zur Torlinie. Türkiyemspor jubelte. Dieser lässige Bengel konnte von Glück reden, dass ich nicht sein Vater war. Bei uns hätte es ein Jahr Fernsehverbot gegeben. Wo sonst konnte er dieses unsinnige Verzögern gesehen haben, wenn nicht bei der Übertragung der italienischen Ligaspiele auf *Eurosport*.

Türkiyemspors zweiter Schütze verwandelte so sicher wie der erste. Der dicke Lothar kam nicht einmal dazu, sich zu bewegen. Kevin war an der Reihe. Er musste treffen, sonst hatte sich die Hauptrunde erledigt. Er nahm einen mächtigen Anlauf und drosch mit voller Kraft gegen den Ball. Das Leder flog geradewegs aufs Tor, knallte aber krachend an die Latte.

Kevin brach noch auf dem Neunmeterpunkt zusammen und vergrub das Gesicht in den Händen, während die Gropiusstädter in einem großen Kreis mit Spielern, Eltern und Betreuern Freudentänze aufführten. Immerhin haben wir den Unterprivilegierten ein Stück Hoffnung gebracht, dachte ich mit bitterer Milde.

Finale

Es war erst kurz nach zwölf. Das Turnier war gelaufen, aber noch lange nicht zu Ende. Unsere Jungs mussten sich durch die Trostrunde kämpfen. Noch vier Spiele. Frühestens um 16 Uhr würde die Siegerehrung sein. Und dann noch das Tombola-Finale – ein mieser Trick, um die Leute davon abzuhalten, einfach zu gehen und den Restsonntag zu genießen. Karl und die anderen tollten über die Wiese. Der Ball lief mustergültig, jeder Schuss saß. Warum war das im Spiel nie so?

Ich hatte Durst. Die Sonne war zwischen dunklen Wolken herausgekommen. Zufällig stand ich in der Nähe des Bierstandes, der von merkwürdigen Gestalten umlagert war. Der klassische Fußballvater ist ja ein eher beleibter Zeitgenosse, dessen Sportlichkeit sich darin erschöpft, die Ballonseidentrainingsanzüge der frühen Achtziger aufzutragen, in den Trendfarben Schmuddelweiß mit lila Bündchen und mintgrünen Applikationen. Dazu Adidas-Treter, die Herr Dassler noch persönlich zusammengestichelt hat, und dermaßen ausgelatscht, dass man sich umgehend einen Bänderriss holen würde, wenn man tatsächlich versuchen würde, darin zu laufen. Auf dem Rücken prangt der Vereinsname und mindestens so groß der Schriftzug des Sponsors: »Container-Service Wedding« zum Beispiel oder »Murats Premium-Döner«.

Ich studierte die Getränkekarte: Es gab Cola, Fanta und Bier. Hmm. Cola ist ungesund, ich wäre ein schlechtes Vorbild für Karl. Fanta ist viel zu süß. Für Bier war es eindeutig zu früh. Andererseits: Ich war früh aufgestanden. Ich hatte mich aufgeopfert für den Verein. Ich war aktiv gewesen und engagiert. Ich hatte mir ein Bier verdient.

Der Herr neben mir trank auch eins. »Schorschis Bierkiste in Schöneberg« stand auf seinem Trainingsanzug. »Schöneberg?«, fragte ich, um ein Gespräch in Gang zu bringen. »Früher mal. Jetzt Schorschis Bierkiste in Kleinmachnow«, raunte er. »Und Sie sind Schorschi?«, fragte ich. »Erraten«, sagte er.

Schorschi war zweifellos noch schlechter gelaunt als ich. Concordia Kleinmachnow war ebenfalls in der Trostrunde gelandet. »FC 06«, stellte ich mich vor,

»auch Trostrunde.« Schorschi hob seinen Plastikbecher und leerte ihn. »Machste noch zwei«, rief er dem Halbwüchsigen zu, der den Zapfhahn bediente. »Aber …«, warf ich ein.

Schorschi kannte sich aus im Berliner Jugendfußball allgemein und im Vereinswesen ganz speziell. Er fand, dass zu viele schlechte Trainer herumliefen. »Warum wird einer freiwillig Trainer von missratenen D-Jugendlichen?«, fragte er. In der Tat. Die Frage war berechtigt. Es gab keinen guten Grund. Die Bezahlung war mies, dafür musste man das ganze Jahr auf dem Fußballplatz stehen und sich mit den verzogenen Bengeln anderer Leute abgeben, die ihre Kinder nur zum Fußball angemeldet hatten, um ein paar Stunden die Woche einfach nur ihre Ruhe zu haben.

»Wer Trainer wird, der langweilt sich, der will weg von zu Hause, weil seine Alte nervt. Oder er ist Päderast. Oder, das ist aber ganz selten, er hat Spaß daran, will einfach mit den Kindern arbeiten und Erfolg haben«, erklärte Schorschi und rief: »Machste noch zwei.«

Ich trank einen Schluck und überlegte, zu welcher Sorte Trainer Dieter gehörte. Seine Frau kannte ich nicht, aber Kinder hatte er keine. Wie ein Päderast sah er nicht aus. Vielleicht wollte er tatsächlich Erfolg, vielleicht hatte er sogar Freude daran, mit den Kindern zu arbeiten. Aber konnte man daran Spaß haben, kleinen Rumpelfüßlern jedes Jahr aufs Neue den technisch korrekten Spannstoß beizubringen, ohne große Aussicht, dass sie es jemals lernen würden? Beim besten Willen nicht. »Machste noch zwei.«

Plötzlich stand Karl da. »Du trinkst ja Bier, Papa«, sagte er, eher interessiert als vorwurfsvoll. Söhne mögen es, wenn ihr Vater sich ein gepflegtes Helles gönnt. Die Kleinen wissen: Bier trinkende Väter sind entspannter, großzügiger. »Wir haben 2:0 gewonnen, gegen Hertha Friedrichshain«, sagte Karl, »aber du hast nicht zugeguckt.« Ich kramte fünf Euro raus. »Hier, kauf dir was«, sagte ich, »dein Vater muss den Berliner Fußball retten.« Karl trabte davon.

Schorschi nickte anerkennend. »Guter Junge«, sagte er. »Wo sind deine?«, fragte ich. »Hab keine«, entgegnete Schorschi, »ich bin der Trainer.« Ich musste lachen: »Daher die Insider-Kenntnisse.« Schorschi griente. »Machste noch zwei für'n Weg«, rief er und blickte auf die Uhr. »Verflixt, wir spielen in drei Minuten.« Er sprang auf, warf einen Zehn-Euro-Schein auf den Tresen und bewegte seinen umfänglichen Leib Richtung Wiese: »Kevin! Marcel! Murat!«, brüllte er. »Kommt sofort her, wir spielen jetzt.«

Ich stand allein am Tresen, wo mir drei volle Becher Bier Gesellschaft leisteten, als Trainer Dieter nahte. »Alles klar?«, fragte er mit feinem Lauern. »Ja, ja, natürlich«, sagte ich, »ich habe hier nur einen alten Bekannten getroffen und der musste gerade weg, deswegen die vielen Biere. Wollen Sie eins?« Trainer Dieter hob abwehrend die Hände. »Um Himmels willen, nein. Ich trinke nicht, wenn's hell ist.«

Ein Rudel türkischer Eltern, die an der Bierbude vorbeikamen, schaute missbilligend auf mich.

Ich stürzte die Biere zügig hintereinander. Die mangelnde Übung machte sich bemerkbar. Es war ein paar Jahre her, dass ich die letzten Kampftrinkspiele absolviert hatte. Ich zahlte und sah mich um. Der Himmel hatte sich zugezogen. Es sah nach Regen aus.

Ich brauchte dringend ein Klo. Aber der Weg zu den Kabinen war weit. Die meisten Eltern guckten auf die Plätze, wo bereits die Halbfinale ausgetragen wurden. Unauffällig strebte ich in die andere Richtung, auf die Buschreihen zu, die den Platz von der Straße trennten. Natur zu Natur, wo war das Problem?

»Machen Sie das zu Hause auch so?«, brüllte plötzlich eine barsche Stimme hinter mir. »Hier spielen doch Kinder.« Ich war schlau genug, mich nicht umzudrehen. Ich nestelte hektisch, dann fuhr ich langsam herum. Die Platzwartsgattin stand vor mir. Und alle Eltern, die eben noch auf die Plätze geschaut hatten, hatten sich plötzlich umgedreht. »Es war ein Notfall«, sagte ich kleinlaut. »Das ist kein Notfall, sondern eine Sauerei«, empörte sich die Frau. Die anderen Eltern nickten. Ich hätte nie gedacht, dass ich mich jemals nach Gertrud Borkowitz sehnen würde.

Noch über eine Stunde bis zur Siegerehrung. Karls Mannschaft hatte das nächste Spiel verloren und kämpfte im letzten Match um Platz elf. Elf von sechzehn, na ja, das ist praktisch immer noch mittleres Drittel, fast. Es hatte zu nieseln begonnen. Ich hatte mich unter einem Baum niedergelassen und war immer mal wieder eingenickt. Der Lärm der Final-Eltern zog vorbei.

»Wir haben gewonnen«, brüllte mir Karl plötzlich ins Ohr, »im Neunmeterschießen. Und weißt du, wer den entscheidenden Neunmeter reingemacht hat?«

Ich rappelte mich hoch. »Du?«, fragte ich ungläubig. »Ja, ich, Paps.« Mein Sohn platzte vor Glück. Und ich hatte den großen Moment verpasst. Ich hatte auch den Fotoapparat im Auto vergessen.

Ich stand auf und klopfte mir die Grashalme von der Hose. Der Geschmack im Mund erinnerte mich an alte Fußballsocken. Ich stand noch nicht richtig stabil auf den Beinen, als Trainer Dieter auf mich zugestürzt kam. »Prima Junge, der Karl, auf den können Se stolz sein«, sagte er anerkennend. »Klar«, sagte ich etwas undeutlich, »jetzt hat er aber einen Stammplatz, oder?«

Die Siegerehrung war langweilig. Irgendwelche Knirpse mit pfundweise Gel im Haar hatten gewonnen, weil der Zufall auf ihrer Seite war. Karl und seine Jungs sahen beim besten Willen nicht schwächer aus. Für den elften Platz bekam die Mannschaft einen Riesenkarton Negerküsse, dazu billige Computerausdrucke, die wie Urkunden aussehen sollten.

Ich wollte nach Hause. Aber wir mussten noch die Tombola abwarten. Na gut, immerhin hatten wir 20 Lose erworben. Wir waren nicht dabei, aber ein alter Bekannter. »Das Cabrio-Wochenende gewinnt Schorschi Lipschitz aus Kleinmachnow«, brüllte es aus den Lautsprechern. Armer Schorschi. Jetzt muss er doch ein Wochenende mit seiner Gattin verbringen.

Endlich, endlich durften wir fahren. Der Spaziergang zum Auto tat mir gut. Karl und die anderen kickten so lange auf der Wiese. Als ob sie heute nicht genug gespielt hätten. Man sollte ein Ausdauerturnier mit den Rangen veranstalten und sie einfach so lange spielen lassen, bis sie umfallen. Karl hätte gute Chancen auf den Gesamtsieg. Er würde frühestens im Morgengrauen des vierten Tages zusammenbrechen.

Als wir zu Hause waren, fiel ich wortlos aufs Sofa. Die Berichterstattung übernahm dankenswerterweise Karl. Mona schnupperte an mir. »Na«, fragte sie spöttisch, »war's ein lustiger Herrentag?« Sie hatte einen wundervoll ruhigen Tag im Garten verbracht, Zeitung gelesen, sich hübsch gemacht. Meine Bilanz: ein halbes Dutzend Biere vernichtet, einen Getränkemarktbesitzer namens Schorschi aus Kleinmachnow und eine Megäre von Platzwartin kennen gelernt. Karl ging rüber zu Benni, »noch ein bisschen kicken«.

Erst das Telefon riss mich aus dem Tiefschlaf. Die Mutter von Dennis war dran. Sie klang aufgebracht. Was mir den einfiele, einen Handy-Vertrag für ihren Sohn zu unterschreiben. Ach, du Schreck, der Zettel vom Turnier. Im stammelte etwas von »hat mich drum gebeten, großes Durcheinander, nicht genau gelesen« und versprach, mich gleich am Montag um die Stornierung zu kümmern. Ich holte mir ein Bier. Ein großartiger Sonntag war das.

Laufen ohne Ball

Neulich habe ich Karl mitgenommen zu meinem Lauftreff. Die Fußballsaison war vorbei, Borkowitz hatte alle Plätze gesperrt zur »Regenerationierung vom Rasen«, wie er sagte. Karl hatte sich zu wenig bewegt die letzten Wochen. Er war träge geworden. Ingo hatte mir geraten, den Sohn einfach mit zum Laufen zu nehmen. »Fußballer hassen Dauerläufe«, hatte Ingo gesagt, »und alles, was Fußballer hassen, ist umso wichtiger für sie.«

Kondition, dozierte mein Fußball-Guru, sei die Grundlage für alles. Wie viele Spiele werden nicht in den letzten 15 Minuten entschieden, nämlich dann, wenn nicht mehr der korrekte Sitz der Frisur zählt oder noch ein eleganter Übersteiger, sondern schlicht die Kraft, noch mal vors gegnerische Tor zu sprinten oder ganz schnell zurück, um Schlimmeres im eigenen Strafraum zu verhindern.

So schlimm würde es für Karl nicht werden. Wir liefen immer eine gute Dreiviertelstunde durch den Grunewald, sehr gemütlich, im Plaudertempo, weit langsamer, als Karl bei einem Fußballspiel läuft. Der Herr Sohn war trotzdem maulig. Er wollte nicht joggen, schon gar nicht mit älteren Herrschaften. »Mein Knie tut weh«, sagte er. »Meins auch«, entgegnete ich, »das kann man weglaufen.«

Karl guckte immer noch zornig, als wir auf den Parkplatz fuhren, wo die anderen bereits standen: Norbert, Jens, Nicole und Balthasar. Wir liefen seit Jahren zusammen. Jeder hatte ein nettes Wort für Karl übrig. Er antwortete nur knapp. Er wollte sich nicht mit einer billigen Aufmerksamkeitsoffensive korrumpieren lassen. Ich zog eine Flasche giftrotes *Gatorade* aus meiner Sporttasche und hielt sie ihm unter die Nase. »Die kriegst du, wenn wir zurück sind«, flötete ich. »Die rote schmeckt eklig«, knurrte Karl, »außerdem sind da zu viele Kohlenhydrate drin.« Das Ernährungsregime seiner Mutter zeigte deutliche Auswirkungen.

Langsam trabten wir in den Wald. Ich blieb an Karls Seite und begann, ihm von den Vorzügen weichen Waldbodens, von klarer, kühler Luft, von Ruhe und Beschaulichkeit zu erzählen. Nach 200 Metern verzog er das Gesicht. »Seitenstiche«, presste er hervor. »Länger ein-, tiefer ausatmen«, dozierte ich. Die Panini-Abfrage-Geschichte mit Uwe Mujela war noch nicht allzu lange her; ein bisschen Qual gönnte ich meinem Spross von Herzen.

»Mein Knie«, jammerte er etwa 300 Meter später.

»Aber auf dem Fußballplatz läufst du doch viel mehr und viel schneller«, warf ich ein.

»Ja, aber da ist Rasen«, japste Karl. Wir kamen etwa weitere 500 Meter weit, meine Laufgruppe hatte bereits einige Dutzend Meter Vorsprung, als Karl sich mit der Faust an die Stirn hieb. »Kopfschmerzen«, stöhnte er, »ich kann nicht mehr.«

Ich wurde ungehalten. »Verdammt noch mal, du wirst doch wohl eine gute halbe Stunde in sehr gemäßigtem Tempo neben deinem Vater durch den Wald traben können«, entfuhr es mir, »beim Training lauft ihr das Doppelte und Dreifache und du beschwerst dich nie.«

Karl traten die Tränen in die Augen: »Laufen ohne Ball ist scheiße, sagt Trainer Dieter, das haben sie früher beim Führer gemacht.«

Ich wusste nicht genau, ob mein Sohn die ganze Dimension dieses Trainer-Diktums begriffen hatte, aber immerhin erfüllte er damit eine Grundregel jeder deutschen Debatte: Wenn einem kein ordentliches Argument einfällt, zieht man einen Nazi-Vergleich. Diese Diskussionstechnik hatte mittlerweile offenbar ihren Weg aus den Feuilletons auf den Fußballplatz gefunden. Es würde nicht lange dauern, dann würde der Braindrain auch in die andere Richtung fließen. Vielleicht würde Berti Vogts bald einen nachdenklichen Aufsatz über Fußball und Kapitalismus in der *FAS* veröffentlichen.

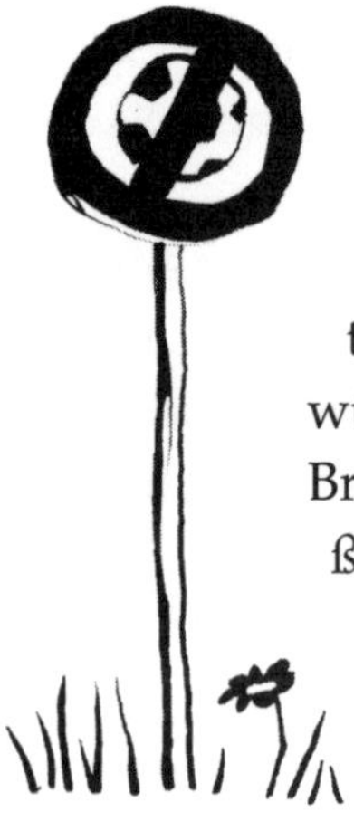

Meine Laufgruppe hatte sich inzwischen nahezu außer Hörweite begeben. »Lauft schon mal weiter«, rief ich ihnen nach, »wir sehen uns auf dem Parkplatz.« Sie winkten und schienen überhaupt nicht böse.

Ich versuchte es noch einmal nach den Regeln der positiven Motivation. »Beim Fußball läufst du so schnell und so viel, da müsste das doch ein Kinderspiel für dich sein.«

Karl hatte einen hochroten Kopf: »Beim Fußball haben wir einen Ball«, sagte er, »das macht Spaß und lenkt vom Laufen ab. Ohne Ball kann ich nicht laufen.«

»Du willst nicht laufen«, verbesserte ich.

»Ist doch egal«, sagte Karl. Jetzt wurde er schon wieder pampig. Das hatte er von seiner Mutter.

»Na gut, dann drehen wir jetzt um«, sagte ich in der stillen Hoffnung, dass mein Sohn seinen Reststolz entdecken und sagen würde: »Aber nein Paps, war nicht so gemeint. Selbstverständlich laufen wir die paar Meter jetzt noch gemeinsam zu Ende und unterhalten uns über den stillen Zauber des spätnachmittäglichen Waldes.«

Doch Traumantworten haben den Haken, dass sie nie so gegeben werden. Karl schwieg einfach nur triumphierend. Ich grollte dafür. Der Bengel hatte mir mein Lauftraining ruiniert. Er hatte mich vor den Laufkameraden zum Trottel gemacht.

Ich überlegte, wie man künftig einen Ball ins Lauftraining würde einbauen können. Vielleicht hängt man die Kugel an eine Angel, wie die Karotte für den Esel. So klappt selbst Marathon-Training für Fußballer. Ich werde das Gerät an meinem Sohn ausprobieren und bald zum Patent anmelden.

Wörterbuch

Adilette
Rundum belüftetes Schuhwerk für den Barfußgang zum Duschen nach Spiel und Training. Kommt in der Jugend nur selten zum Einsatz.

Ampelkarte
Das Ergebnis konsequenter Zweikampfschwäche. Der Spieler trifft zweimal statt des Balles nur den Gegenspieler. Absicht oder nicht: Gelbe Karte (1. Verwarnung) + Gelbe Karte (2. Verwarnung) = Gelb-Rote Karte (Platzverweis für den Rest des Spiels).

Bahnschranke
Synonym für langsames und ungelenkiges Fallen des Torwarts in eine Torecke. Es folgt ein hoffnungsloser Versuch, den Ball berühren zu wollen.

Bayern-Trikot
Zeugt von naivem Selbstbewusstsein. Führt in den meisten Klubs eher zu Abneigung.

Bettruhe
Wird durch Fußball deutlich vorverlegt, nach längeren Trainingseinheiten oder vor wichtigen Spielen sogar von den kleinen Kickern persönlich.

Bogenlampe
Bezeichnung für die gekrümmte Flugbahn eines Balles. Die Besten können das Tor aus über 40 Metern Entfernung treffen. Von den meisten eher unabsichtlich ausgeführt.

Bombe, Granate
Höchste Auszeichnung für die Schussstärke und -genauigkeit eines Fußballspielers.

Dritte Halbzeit
Verlängerung des Gemeinschaftserlebnisses Fußballspiel bis in die Kabine. Dient dazu, das gerade Erlebte, das längst Vergessene und das immer wieder Interessante zurück in die Erinnerung zu holen. Nebenbei werden die Flüssigkeitsdepots aufgefüllt.

Drop-Kick
Das Sahnebonbon unter den Stoßtechniken. Der Ball wird just in dem Moment gekickt, in dem er auf den Boden aufspringt. Kommt recht selten vor und wird nur von wenigen Spielern beherrscht. Passiert in der Jugend nur aus Versehen.

Einstiegsalter
Kurz nach dem Laufenlernen. Fußball ist eine kumulative Sportart: Jeder Tritt vor den Ball übt und macht das Kleine besser. Wer außerdem in der Bambini-Mannschaft zu den Jüngsten zählt, wird spätestens in der E-Jugend zu den Leitwölfen gehören.

Eltern
Glück und Pest zugleich. Glück: Fahren die Kinder, waschen Trikots, kaufen Ausrüstung, backen Kuchen fürs Turnier, grillen beim Sommerfest. Pest: Sind leider auch immer da, wenn keiner sie braucht.

Empfängnis, Geburt
Bei der Kinderplanung unbedingt an den Stichtag des Landesverbandes denken. Ob ein Kind am 31.3. oder am 1.4. geboren ist, kann über Karrieren entscheiden. Obwohl praktisch gleich alt, muss der Ältere sich schon in der Mannschaft unter Großen beweisen, während der März-Kicker noch bei den Kleinen brillieren kann. Vorausschauendes Zeugen verschafft dem Nachwuchs entscheidende Vorteile.

Eurosport (auch DSF)
Mythenmaschine. Hier werden häufig die Spiele vergangener Epochen wiederholt. Ob Seeler, Zico oder Blochin – plötzlich verbinden sich Szenen und Namen. Unentbehrliche Grundlage für Schulhof- und die weitaus anspruchsvolleren Vereinsdebatten.

Freizeit
Gibt es nicht. Fußballer sind immer im Dienst. Treten gegen alles, was sich in den Weg legt, auch Dosen, Äste etc. Problematisch: Wenn Stein und halb getrockneter Hundehaufen verwechselt werden.

Fußnägel
Waren vor der Fußballerkarriere wahrscheinlich lang und bedeutungslos, werden mit wachsender Spieldauer indessen immer kürzer und gepflegter. Denn Krallen und Ecken schmerzen bei jedem Schuss.

Geheimtraining
Vom Vater fast immer für die Ferien geplant, zum Beispiel Ausdauer (Strandläufe), aber nur selten realisiert, wegen Weingenuss am Vorabend.

Heulen
Kinder, die zu Hause, meist von der Mutter ermutigt, ihren Tränen bei Schmerzen oder Enttäuschungen freien Lauf lassen, werden sich dies in einem Fußballverein schleunigst abgewöhnen. Das Regime der harten Hunde ist unerbittlich: Tränen dürfen frühestens zeitgleich mit dem eigenen Blut fließen, andernfalls droht Stigmatisierung (»Heulsuse«).

Leistungsdruck
Mal zu hoch (entscheidendes Spiel um den Aufstieg), mal zu niedrig (Freundschaftsspiel gegen die Nieten

von Kleinmachnow), hinterlässt aber keine bleibenden Schäden.

Leitwolf
Nicht unbedingt der stärkste und klügste, aber der selbstbewussteste Spieler. Trägt oft auffällige Frisur, später Tattoo. Ob Anstoß, Freistoß, Elfmeter – er nimmt sich den Ball. Akzeptiert über sich nur den Trainer. Straft Neulinge, vor allem aber potenzielle Konkurrenten mit Nichtachtung, Pass-Boykott oder brutalen Trainingsfouls.

Leseleistung
Wird durch Fußball verbessert, zum Beispiel durch intensives Studium der Spielberichte in *Kicker* und *Bild am Sonntag*.

Mannschaftsgeist
Dauerndes Ideal, nur selten verwirklicht.

Mathematikleistung
Wird durch Fußball verbessert, zum Beispiel durch Tabellenstudium und Restprogrammberechnung am viertletzten Spieltag (Bundesliga) oder durch WM-Tipprunden, in denen vom ersten Gruppenspiel bis zum Finale durchgetippt werden muss (Wahrscheinlichkeitsrechnung).

Mauer
Eine dicht gedrängte Menschenkette als Schutz vor scharf geschossenen Freistößen auf das eigene Tor. Ängstliche Kicker boykottieren diese Art des Opferns und postieren sich in sicherer Entfernung zur möglichen Trefferzone. Jugendspieler drehen gern den Rücken zum Schützen.

Motivation
Einfühlsam: »Du, wenn du noch ein bisschen trainierst, kommst du bestimmt bald in die erste Mannschaft.« Streng: »Lauf schneller, trainier mehr, streng dich einfach an!« Pragmatisch: »Was, Kevin hat den Stammplatz, der dir zusteht? Dann hau ihn im Training so oft um, bis er nicht mehr kommt.«

Mythen
Unterschieden wird zwischen lokalen (1976 hat Atze Lehmann gegen Tennis Borussia aus 58 Metern ein Tor geschossen) und ewigen (Wembley). Unbedingt auswendig lernen, vor allem Jahr, Datum, Uhrzeit, beteiligte Kicker, Trainer, Schiedsrichter. Freaks kennen auch die Auswechselspieler.

Pädagogik
Umgang und Hackordnung innerhalb einer Kinder- oder Jugendmannschaft stehen in krassem Gegensatz zu den von verantwortungsvollen Erziehungsberechtigten über Jahre vermittelten Werten. Realität kämpft

gegen Ideal. Es ist wie beim Kapitalismus: Theoretisch ist er grausam, gemein, egoistisch und eklig, praktisch aber durch nichts zu ersetzen.

Pieke

Mit der Fußspitze ausgeführter Stoß, eindeutig eine Anfängertechnik. Jungspieler dementieren, mit »Pieke« geschossen zu haben. »Das war Spann«, ist eine oft gehörte Entschuldigung.

Premiere (Bezahl-TV)

Überflüssig. Wie Handy. Kinder brauchen es nicht, aber es ist trotzdem unmöglich, dagegen zu argumentieren.

Pressschlag

Wenn zwei sich streiten, geht nichts voran. Treffen Spieler gleichzeitig mit einer ähnlichen Wucht auf den Ball, bleibt der Ball scheinbar unberührt oder bekommt eine unvorhersehbare Flugrichtung. Der Augenblick des Exitus für Bälle minderer Qualität.

Schiedsrichter

Respektiert, weil sie für lächerliche Beträge stundenlang durch die Stadt kurven, um sich beschimpfen zu lassen. Verachtet, weil häufig ehemalige Kicker, die wegen sportlicher Perspektivlosigkeit einen Lehrgang besuchten, um trotzdem auf dem Platz herumlaufen.

Schneeball
Bälle, die weit in den Himmel hinein gedroschen werden, fallen von Schnee bedeckt wieder zu Boden.

Schwalbe
Plötzlich im gegnerischen Strafraum einsetzende Fallsucht hilf- und ideenloser Stürmer. Eindeutig durch das Fernsehen in den Jugendfußball getragen.

Solo
Klasse Einzelaktion, durch die ein Spieler gleich mehrere Gegenspieler nacheinander ausspielt, ohne die Hilfe seiner Mitspieler in Anspruch nehmen zu müssen. Schießt er anschließend den Ball ins Tor, wird von einem Super-Solo gesprochen, das über Generationen hinweg den Ruhm eines Spielers begründen kann.

Spenden
Können geschickt eingesetzt, beim Kampf um den Stammplatz helfen. Zum Beispiel ein paar neue Trainingsbälle, ein medizinischer Koffer (verleiht dem Trainer Kompetenz), bei Kindern mit absehbar geringen Chancen auch ein Satz Trikots (Trainerjacke mit Rückenaufschrift »Head Coach« nicht vergessen, niemals Billigmarken).

Spiel
Höhepunkt, immer wieder, für die Kinder jedenfalls. Möglichkeit, alles in der Sportschau Gesehene nach-

zuspielen. Test für Kondition, Psyche und Benehmen von Spielern, aber auch deren Eltern. Zu unterscheiden sind: Punktspiele finden fast jedes Wochenende, meist gegen bekannte Teams, statt; ihre Ergebnisse sind oft vorhersehbar. Pokalspiele haben ihre eigenen Gesetze. Freundschaftsspiele sind gerade für Spieler, die nicht zur Stammelf gehören, eine großartige Chance, sich zu empfehlen, zumal die gesetzten Kicker diese Partien oft auf die leichte Schulter nehmen.

Spielsystem
Übt und verkündet der Trainer, zum Beispiel 4-4-2 oder 4-3-3. Ist auf dem Platz aber nur selten zu erkennen.

Sponsor
Gerade bei Jugendmannschaften selten, meist Gaststätten, Handwerks- oder Gewerbebetriebe. Aus Gründen der Loyalität unbedingt mindestens halbjährlich aufsuchen.

Sportschau
Prägungsmaschine. Fouls, Fallrückzieher, Fisimatenten – was immer der Nachwuchs am Samstagabend hier beobachtet, spielt er am Sonntagmorgen nach. Oder schon am Samstagabend, wenn die Frage: »Was möchtest du zum Abendbrot?« mit Sätzen beantwortet wird, die beginnen mit: »Äh, ähhm, ja, also ich sag mal …«

Statistiken
Unterschieden wird zwischen historischen (Gerd Müller) und aktuellen, etwa der derzeitigen Bundesligasaison. Beides nur durch Auswendiglernen anzueignen, zum Beispiel Länderspieleinsätze, Tore, Elfmeterquote, Auswärtsbilanz.

Talent
Synonym für »mein Kind«. Alle Eltern glauben, dass ihr Spross eines sei. Leider hat nur etwa eine von hundert Familien Recht damit.

Tausendfüßler
Besonders für Hart- und Kunstrasenplätze geeignetes Fußballschuhwerk mit unzähligen Noppen an der Sohle. Ein Muss für jeden Nachwuchskicker.

Töppen
Fußballschuhe.

Trainer
Schlüsselfigur. Entscheidet über die Mannschaftsaufstellung und damit über die Laune von Eltern und Kind in der folgenden Woche. Auffällige Schleimereien sind ebenso zu unterlassen wie Null-Engagement. Interesse an der Arbeit des Trainers und ein gelegentliches Wort des Bedauerns über seine schlecht oder gar nicht bezahlte, gleichwohl gesellschaftlich höchst verdienstvolle Tätigkeit dagegen angebracht.

Turnier
Für Spieler wie Kindergeburtstag. Für Eltern leider auch.

Verein
Jede Stadt, jede Region hat eine gewachsene Rangliste ihrer Vereine, die nicht identisch sein muss mit deren Sozialprestige. Geld bedeutet nicht immer Erfolg, soziales Mittelmaß nicht automatisch Stigma. Oft haben Vereine aus dem sozialen Mittelfeld die beste Bilanz, weil die engagiertesten Eltern und Betreuer. Bei der Vereinswahl ist Fingerspitzengefühl gefragt. Neben der Qualität der Jugendarbeit sollten Status von Familie und Klub nicht allzu weit auseinander klaffen. Die S-Klasse vor dem Malocher-Klub macht ebenso einsam wie dachsartig gefärbte Haare und südeuropäisch klingender Name im Villenvorort.

Vereinspräsident
Zu behandeln wie Gott, respektive Allah.

Vereinszeitung
Heikle Sache. Taucht ein Spieler zu oft darin auf, entsteht Neid, taucht er gar nicht auf, steht man hinten in der internen Vereinsrangordnung. Falls möglich: Redaktion übernehmen (zweitwichtigste Machtposition nach dem Präsidenten).

Verletzung
Selten: Kreuzbandabrisse, Meniskusschäden, offene Brüche. Häufiger: Prellungen, Stauchungen, Hämatome. Dauernd: gefühlte Blessuren, vor allem vor Mathearbeiten und nach verlorenen Spielen.

Verlieren
Wie Herpes: Man hasst es, aber es kommt häufiger, als erwartet. Wichtig: Nach der Schlappe mindestens eine halbe Stunde lang schweigend und selbstkritisch Richtung Horizont starren, mindestens aber so lange der Trainer in der Nähe ist. Wer dagegen lacht oder schwatzend die Schuld für die Niederlage delegiert, wird beim nächsten Spiel vermutlich nicht aufgestellt.

Weisheiten
Gelten immer und ersetzen längere Reflexion. »Entschieden wird aufm Platz« ist wohl die populärste, die gängige Antwort lautet: »Abgerechnet wird zum Schluss«. Pädagogisch wertvoll: »Der Schiri hat immer Recht«, von Trainern bevorzugt wird: »Flach spielen, hoch gewinnen.«

Wochenende
Vergessen. Gibt es nicht mehr.

Waterloo

Karl gehört zur Sorte Söhne, die ihre Väter achten und bewundern. Väter können Auto fahren, kickern und flippern und natürlich irre fest vor einen Fußball treten. Dass der Ball gelegentlich am Ziel vorbeirauscht, fällt ihnen interessanterweise nicht auf. Das lässt sich ja lässig überspielen, mit Ausrufen wie: »Das war ein mustergültiger Pass in den freien Raum«, oder ähnlich kompetenzstrotzenden Sätzen, die nach Marcel Reif klingen.

Außerdem will ein Sohn überhaupt nicht zur Kenntnis nehmen, dass sein Vater irgendetwas nicht kann. Es hat wohl was mit dem Vermeidenwollen kognitiver Dissonanz zu tun: Der Mythos vom großen, weisen, unglaublich sportiven und bärenstarken Alpha-Ober-Pavian soll auf gar keinen Fall ins Wanken geraten.

Seit kurzem ist dieser Mythos stark gefährdet. Der Fußball droht, ihn zu zerstören, mich und meinen Ruf zu ruinieren, alles kaputtzumachen, was je eine Basis von Vertrauen und Autorität zwischen Erzeuger und

Spross bildete. Karl selbst ist schuld daran. Und Trainer Dieter, der ohnehin viel zu häufig in unseren innerfamiliären Autoritätshaushalt eingreift.

Als Karl neulich vom Training zurückkehrte, wedelte er mit einem Zettel. Trainer Dieter hat das Medium Internet noch nicht so richtig im Griff, deswegen verteilt er immer noch kopierte Blätter an die Kinder. Diese Zettel sind die Pest. Egal, was draufsteht, es kostet immer Zeit, Geld und Nerven: Sommerfahrt nach Sylt, Trainingslager in Algier, Freundschaftsspiel in Wellington. Wer nicht mitfährt, riskiert seinen Stammplatz. Überweisung bitte bis nächste Woche.

Diesmal war es noch schlimmer. »Du musst spielen«, krähte Karl, »endlich können die anderen mal sehen, was du drauf hast.«

Ich erschrak: »Wieso ich?«, fragte ich ängstlich, »ich bin doch in gar keiner Mannschaft.«

Karl sprang auf und ab wie ein Flummi. »Trainer Dieter hat zum Saisonende ein Spiel Eltern gegen Betreuer organisiert. Alle machen mit. Und ich habe versprochen, dass mein Supervater bei den Eltern mitspielt. Sonst haben die ja gar keine Chance.«

Ach, du Schreck. Mein Sohn hielt mich tatsächlich für einen Fußballgott. Nur weil ich einen liegenden Ball mühsam mit der Schuhspitze in die Luft befördern kann und ihm das ein oder andere Mal ein wenig aus meiner Jugend erzählt hatte. In der B-Jugend meines Bruders beim Post SV Münster (oder war es der SC Münster 08?), da hatte zum Beispiel Norbert Nig-

bur gespielt, der dann zu Schalke wechselte und Jahre später als zweiter oder dritter Torwart der deutschen Nationalmannschaft mit Wolfgang Kleff zusammen hinter dem unerträglichen Entenfänger Sepp Maier ausharrte. Einmal in neun Jahren Gymnasium hatte ich in der Klassenmannschaft mitspielen dürfen; nicht weil ich so stark war, sondern weil alle anderen verletzt waren, keine Zeit hatten oder eine Grippewelle über Münster hinweggefegt war.

In Karls Augen waren das alles Heldentaten, die er irgendwo zwischen Dumbledore, Yoda und Bam Margera einordnete. Zumal ich mir in meiner Frühzeit als Sportreporter die Belanglosigkeiten von Pierre Littbarski, Klaus Augenthaler und Dieter Hoeneß hatte anhören müssen, was garantiert kein Ausweis von spielerischer Qualität war. Ich hatte nicht mal Fußballschuhe, nie besessen. Mein Meniskus zwackte obendrein. Doch alle Träume, Erwartungen, Hoffnungen, Phantasien, Visionen, zu denen ein Knabe von zehn Jahren fähig ist, konzentrierten sich auf mich. Die Katastrophe war perfekt.

»Wann ist denn dieses Spiel?«, fragte ich vorsichtig.

»Nächstes Wochenende«, sagte Karl, »am Samstag. Alle Eltern machen mit. Und alle Jugendtrainer. Ich bin so stolz auf dich, wenn du sie fertig machst.«

Mir wurde schwindelig. »Aber mein Knie«, sagte ich matt. »Und nächsten Samstag habe ich doch diesen Termin, den ich auf gar keinen Fall verschieben kann.«

»Welchen Termin?«, fragte Mona. »Heute morgen hast du noch gesagt, dass du dich auf den nächsten Samstag freust, weil du da den ganzen Tag Zeit hast für deine Familie.«

Ich gab auf, zog Karl in sein Zimmer und schloss die Tür, damit wir Mona nicht störten. »Mein lieber Sohn«, sagte ich eindringlich, »was hast du im Verein über mich erzählt?«

Karl sah mich voller Bewunderung an. »Na, nur das, was du auch erzählt hast. Dass du mit Norbert Niebuhr…«

»…Nigbur«, korrigierte ich.

»Na, jedenfalls mit dem deutschen Nationaltorwart zusammen gespielt hast…«

»…das war mein Bruder!«

»…und dass du Hoeneß und Augenthaler und Litti kennst…«

»…die kenne ich nicht, sondern ich habe mal vor 100 Jahren mit denen fünf Minuten geredet, allerdings, das muss man fairerweise dazusagen, immerhin mit beiden Hoenessen.«

»Na, und dass du mir alle Tricks von den Brasilianern beigebracht hast und früher mal einen Fallrückzieher hingelegt hast, über den man heute noch redet in Münster.«

Auch dieses Detail entsprach nicht vollständig der Wahrheit. In der Tat hatte ich mich auf einem Campingplatz an der Werse mal an einem Fallrückzieher versucht. Doch der Ball landete im Fluss. Und wenn sich überhaupt noch jemand heute über diesen Schuss unterhält, dann sind es die Orthopäden, die in den Tagen danach versucht hatten, die Wirbel meines Rückgrats wieder in die richtige Reihenfolge zu bringen und mich anschließend wieder zum Laufen.

Der Fall war klar. Mein Sohn hatte im Klub mit seinem Wundervater geprahlt und dabei keine Übertreibung ausgelassen. Trainer Dieter und die anderen Hyänen von Betreuern hatten bei Karls Erzählungen bestimmt an die drei, vier Granaten von mir gedacht, wenn der Ball ins Aus geflogen und in meiner Gegend gelandet war.

Ich versuchte mich zu erinnern: Ganz verunglückt war keiner dieser Schüsse gewesen, wirklich gelungen aber auch kaum einer. Sie warteten nur auf den Moment, mich übers Feld stolpern zu sehen und mich dann mit einem messerscharfen Tackling auf ewig an die Gehhilfe zu schicken.

Ich hatte Angst. Ich wollte auswandern. Ich rief Ingo an. Der hörte sich die Geschichte an und schwieg. Es ist ein schlechtes Zeichen, wenn Ingo schweigt. »Wir müssen dringend trainieren«, sagte er dann. Ich nickte folgsam.

Am nächsten Abend trafen wir uns auf einem diskreten Bolzplatz, in einem Waldstück weit draußen im Westen. Dort kannte uns garantiert niemand. Ingo hatte ein paar ausrangierte Fußballschuhe mitgebracht, Modell Wolfgang Overath. Sie waren ungefähr zwei Nummern zu klein. »Töppen müssen eng sitzen«, sagte Ingo. »Aua«, sagte ich.

Wir begannen mit flachen Pässen. Bis sieben, acht Meter spielte ich blitzsauber. Schwierig wurde es bei zehn Metern und mehr, praktisch unmöglich, wenn ich auch noch aus dem Lauf passen sollte.

Ingo war mit großer Geduld gesegnet. Immer wieder rannte er dem Ball hinterher, der in alle Himmelsrichtungen flog. Nach einer guten halben Stunde klaubte er einen weiteren Querschläger auf und kam zu mir. Ich erwartete kein Lob, aber doch zumindest einen freundschaftlich aufbauenden Satz wie: »Das war doch schon ganz ordentlich«, verbunden mit einem sportskameradschaftlichen Klaps.

Ingo guckte ernst. Er hob an: »Du bist echt ein netter Kerl«, sagte er, »erfolgreich im Beruf, hast eine nette Frau, einen wohlgeratenen Sohn, du hast es zu was gebracht im Leben.« Ich nickte, überrascht, ob der grundsätzlichen Orientierung seiner Ansprache. »Du hast nur ein Problem«, fuhr Ingo fort, »du kannst nicht Fußball spielen.«

Ich hatte Gründe genug gehabt, gekränkt zu sein.

So schlecht waren meine Pässe nicht gewesen, schon gar nicht die kurzen. Außerdem war der Boden sehr holprig, und es war schon fast dunkel, so dass ich kaum noch etwas sehen konnte. Aber insgeheim musste ich Ingo Recht geben. Der Fußball war mein natürlicher Feind, seit jeher. Er war einfach zu rund, zu unberechenbar, heimtückisch gar.

Wir gingen zum Auto. Mein tapferer Versuch, den Ball in die Nähe des Wagens zu spielen, endete mit einer abgeknickten Antenne. »Du triffst ja doch was«, sagte Ingo.

»Ja, aber immer das Falsche«, erwiderte ich, in hehrer Selbstkritik.

Wir fuhren ins *Flair*, die einzige Kneipe, die ich kannte, wo man mit einem Trainingsanzug vollkommen unauffällig, ja korrekt gekleidet ist. Ingo, der Fuchs, hatte bereits einen Plan entwickelt. Alles hing von mir ab. Ich durfte keinen Fehler machen, dann würde ich einigermaßen ungeschoren aus dem Spiel der Spiele herauskommen. Moni, die bezaubernde Thekendame, lieh mir einen Stift. Es war viel, was ich behalten musste.

Ingo lieh mir seine Overaths und einen alten Adidas-Trainingsanzug, der nach dem späten Herberger roch. Immerhin sah es kompetent aus. Im Garten übte ich in den nächsten Tagen das o-beinige Stapfen, das den Fußballer von Format auszeichnet. Der Ball landete einmal im Kompost und einmal im Nachbargarten. Karl war zum Glück nicht da.

Zwei Tage vor dem Spiel spürte ich den wachsenden Erwartungsdruck. Karl fragte mich praktisch minütlich, welche Position ich spielen würde, wie viele Tore ich zu schießen gedachte, wer den ersten tödlichen Pass von mir erhalten sollte. Ich wehrte lässig ab. »Das entscheidet sich ganz spontan im Spiel«, sagte ich, »Intuition und so.«

Karl schenkte mir einen dieser Blicke, wofür es sich allein schon lohnt, das Martyrium des Vater-Seins auf sich zu nehmen. Mona fragte fürsorglich, ob sie für Montag einen Termin bei unserem Hausarzt reservieren solle.

Das war eine günstige Gelegenheit für meinen entscheidenden Satz, den Auftakt des Ingo-Plans: »Hoffentlich hält der Hüftbeuger …« Mein Sohn sah mich fragend an. »Ich habe es dir nie erzählt, weil ich dir keine Angst machen wollte«, sagte ich und legte meinen Arm um Karl.

»Was denn Papa?«, fragte er aufgeregt, »was denn nicht erzählt? Was Schlimmes?«

Ich nickte. »Ja, Karl, was Schlimmes. Bei einem Freundschaftsspiel in der Uni bin ich sehr böse gefoult worden. Mein Hüftbeuger funktioniert seitdem nicht mehr richtig. Das war wohl das Ende meiner Karriere.«

Karl verstand kein Wort. »Was für ein Beuger?«, fragte er.

Ich deutete auf meine rechte Hüfte: »Hier verläuft ein Muskel«, dozierte ich, »wahrscheinlich der wichtigste Fußballmuskel, den es gibt: der Hüftbeuger. Durch das Foul sind einige Muskelbündel gerissen und nicht wieder richtig zusammengewachsen. Deswegen geraten meine Schüsse manchmal etwas daneben, wie dir ja sicher schon mal aufgefallen ist.« Karl nickte. »Und wenn ich größere Belastungen mit dem Bein aushalten muss«, fuhr ich fort, »dann kann es sein, dass die alte Verletzung wieder aufplatzt.«

»Aufplatzen« war ein großartiges Wort. Ich hatte es von Ingo. Es klang schön brutal und eklig. Ein Gänsehautwort. Ein Wort voller Sorge und stiller Anklage. Ich konnte mich darauf verlassen, dass mein Sohn es heute beim Training und am Samstag unter den Zuschauern verbreiten würde.

Das war Teil eins von Ingos Plan. Und er funktionierte. Als ich am Samstagnachmittag sehr spät auf den Platz kam, meinte ich ein Raunen zu hören. Besorgt fragte die Mutter von Dennis: »Was macht die Hüfte?« Und Murats Vater, der Sanitätswagenfahrer war, meinte fürsorglich: »Keine Sorge, wenn was passiert, sind wir von hier in zwölf Minuten in der Klinik.« Das Informationssystem funktionierte prächtig. Die anderen Väter tollten bereits durch den Strafraum und ballerten aufs Tor. Genauso hatte Ingo es prophezeit. »Keiner wird sich ordentlich warm machen«, hatte er gesagt.

Das war meine Chance, auch ohne Ball besonders professionell auszusehen. Wie ein Nationalspieler, der weiß, dass er in drei Minuten als Joker eingewechselt wird, trabte ich die Seitenlinie entlang. Erst zwei-, dreimal sehr ruhig, dann schneller. Ich zog die Fersen ans Hinterteil, ich vollführte einen mustergültigen Kniehebelauf und präsentierte sogar noch ein paar elegante Sidesteps.

Der wichtigste Teil aber war das demonstrative Stretchen. Niemand sonst stretchte sich hier. Ich dagegen bog mich in alle Richtungen, wobei ich immer wieder viel Zeit darauf verwendete, meine Hüfte nach vorn zu schieben, zu befühlen, den Kopf zu schütteln, erneut zu fühlen und wieder den Kopf zu schütteln, nicht übertrieben, aber für jeden auf dem Platz erkennbar. Ich bildete mir ein, dass alle Zuschauer nur noch auf meine Hüfte starrten und sich die bange Frage stellten, wie es wohl um die Elternmannschaft bestellt sein würde, wenn der Mann, dessen Bruder in der B-Jugend mal mit Norbert Nigbur gespielt hat, nun plötzlich ausfallen würde. Ingos Regieanweisungen waren Gold wert.

Dann rief uns Kevins Vater in den Strafraum. Er war am längsten dabei und daher eine Art natürlicher Kapitän. Keiner stellte das in Frage, es war einfach so. Kevins Vater verteilte die Positionen. Als ich an die Reihe kam, schaute er mich lange an: »Zentrales Mittelfeld, halboffensiv«, sagte er, »Traumpässe in die Spitze und auch gern mal selbst draufhalten. Oben ist der Torwart von denen nicht sehr stark.«

Ich hatte keinen Schimmer, wovon er redete, nickte aber engagiert: »Habe ich schon gesehen. Im Prinzip gern und mit Begeisterung. Ich habe nur ein ernstes Problem mit dem Hüftbeuger. Kann gut sein, dass er 90 Minuten hält, kann aber auch passieren, dass ich nach dem ersten Schuss zusammenklappe. Vorsichtshalber habe ich schon zwei Diclofenac eingeworfen.«

Die Männer nickten anerkennend. Schmerztabletten vor dem Spiel, das war ein sicheres Zeichen für eine professionelle Einstellung. Wir legten die Hände aufeinander und wünschten uns viel Glück. Meine Blicke suchten Karl am Spielfeldrand. Ich winkte ihm zu. Er winkte zurück. Schade, mein Sohn, dass ich dich sehr bald enttäuschen muss.

Anpfiff. Ich trabte nach vorn, Richtung gegnerischer Strafraum. Die Overaths an den Füßen quälten mich unmenschlich. Trainer Dieter und ein C-Jugendtrainer surrten um mich herum, als sei ich ein gefährlicher Angreifer. Ich hatte Angst. Von kurz vor der Mittellinie sah ich Kevins Vater einen weiten Pass nach vorn schlagen. Der war eindeutig für mich bestimmt. Ich preschte los in die Richtung, in der ich die Landung des Balls vermutete, Trainer Dieter hastete neben mich. Zum Glück landete das Leder vor den Füßen eines anderen Abwehrspielers. Ich hatte mich nicht blamiert, diesmal nicht. Das war schon mal eine Menge.

Trainer und Betreuer spielten eindeutig den besseren Ball. Sie machten Druck. Ich ließ mich zurückfallen, bis zur Mittellinie. 20 Meter entfernt von mir balgten sich wohl sieben, acht Spieler um das Spielgerät.

Ich hielt mich da lieber raus. Ich trabte wieder nach vorn. Da plötzlich höre ich hinter mir ein Rufen. Ein Querschläger kam aus dem Gemenge direkt auf mich zugeflogen.

Ich setzte zum Sprint an. Der Ball sauste über mich hinweg und ich hinterher. Ich versuchte ein Dribbling. Das war die Gelegenheit. »Du musst einfach nur in den Rasen treten!«, hatte Ingo gesagt. Also gut. Ich trat beherzt ins Grün. Der Ball hoppelte davon, ich dagegen überschlug mich wie ein Hase, der in vollem Lauf vom Jäger eine Ladung Schrot unter die Blume verpasst bekommen hat.

Ein Aufschrei ging durchs Publikum. Ich blieb liegen. Mein Bein schmerzte tatsächlich, aber das war in dieser Situation sogar praktisch. Borkowitz, der den Schiedsrichter machte, kam herbeigelaufen. »Geht's?«, fragte er. Ich biss die Zähne aufeinander, hielt beide Hände auf meine Hüfte und schüttelte den Kopf. Zwischen zwei Mann eingehängt schlurfte ich vom Platz. Mitleidige Blicke folgten mir. Ich war der Kicker der Herzen. Karl kam auf mich zugestürzt. Überall helfende Hände. Ich humpelte in die Kabine.

Das Spiel endete 6:0 für die Trainer.

»Mit dir hätten die Eltern gewonnen«, sagte Karl hinterher.

»Sicher«, sagte ich.

Rudi Völler

Mona hat den *Stern* gekauft, weil ein »Special Wohnen« auf dem Titel angekündigt war. Mona kauft jedes »Special Wohnen«. Ich glaube, sie will sich immer neu einrichten, weil sie dann nicht aufräumen muss. Sie zeigt mir jede einzelne Seite jedes einzelnen Wohn-Specials und sagt: »Diese Garderobe wäre doch auch was für uns. Das sähe im Flur bestimmt toll aus.«

»Mmmhh.«

»Das Sofa, das hat ja eine super Farbe.«

»Mmmhh.«

Meine Rolle ist es, »Mmmhh« zu sagen. So signalisiert man Interesse ohne Zusagen zu machen, die man hinterher bereut. Ein »Oh, ja« zum Beispiel würde Mona als Kaufversprechen interpretieren. »Mmmhh« dagegen heißt: »Nicht schlecht. Mal sehen.« Ein »Nee« dagegen würde ewige Debatten nach sich ziehen, weil Mona mich würde überzeugen wollen, warum gerade dieses Sofa unbedingt in unser Wohnzimmer muss. »Mmmhh« ist die nervenschonendste und preiswerteste Variante.

Ein paar Tage später lasse ich das Heft mit dem »Special Wohnen« dann unauffällig im Altpapierkorb verschwinden. Tags drauf ist ohnehin ein neues da. Es muss tausende von Journalisten geben, die den ganzen Tag, ihr ganzes Leben nichts anderes machen, als Wohn-Specials zu produzieren. Mein Beileid.

Als Mona mit ein paar Freundinnen zum Möbelgucken unterwegs war, Karl beim Fußball und ich allein zu Hause, war wieder eine gute Gelegenheit, unsere Wohnung von Wohn-Specials zu befreien und vom *Stern*. Bevor ich ihn im Altpapier begrub, blätterte ich ihn durch und stieß auf einen Beitrag, den Mona und Karl übersehen hatten: »Kicken bei Ruuudi«.

Nicht zu fassen: Auf Mallorca kann man seinen Sohn im Trainingscamp schuften lassen und selbst in aller Ruhe in der Sonne liegen. Ein Physiotherapeut knetet an den Jungs herum. Sie werden mit Elektrolyten voll gepumpt und mit taktischen Finessen. Hinterher geben sie bei der *Sportschau* wahrscheinlich Widerworte und wissen alles besser.

Rudi ist leider nicht da. Er spricht aber immerhin per Videobotschaft zu den Schülern. Fünf Vormittage à zwei Stunden in Cala Millor kosten 180 Euro, dafür gibt's ein T-Shirt und ein Rudi-Autogramm. Heinz Gründel, Michael Kutzop oder Uli Borowka üben angeblich mit den Jungen. Aber was? Dazu müsste man sich erinnern können, wo die Herren wann was gespielt haben.

Also Fußballquiz: Heinz Gründel? Den würde ich

beim HSV einordnen, offensives Mittelfeld, durchaus torgefährlich, schnell, stand bestimmt mal für die Nationalmannschaft zur Debatte. Einer jener, die immer kurz davor waren, richtig berühmt und reich zu werden, es aber doch nicht geschafft haben. Zur Strafe für ein erfolgloses Fußballerdasein muss er halt gelangweilten Rumpelfüßlern den Flachpass beibringen.

Michael Kutzop entstammt der gleichen Kategorie. Klare Sache, Werder Bremen. Dort hat er schätzungsweise hundert Saisons lang gekickt. Preisfrage: War Kutzop jemals für den Kader der Nationalelf nominiert. Ich würde mal zehn Euro auf Ja wetten. Für einen Job als Platzwart im Weserstadion hat es trotzdem nicht gereicht. Also: Last exit Cala Millor.

Fehlt noch Uli Borowka. Der hat so gespielt, wie es sein Name vermuten lässt. Hat keinen Gegenspieler geschont. Gladbach, wenn ich mich recht entsinne. Mehr mobiles Metzgereiunternehmen als Fußballspieler. Der bringt den Jungs bestimmt die fachgerechte Blutgrätsche mit gleichzeitigem Adduktorenanriss bei. Nationalkader? Mit 90 Prozent: Ja.

Was würde Karl sagen, wenn er die drei Namen hört? Er würde nichts, aber auch gar nichts damit anfangen können. Dass einer vor Generationen mal bei Werder oder Gladbach gespielt hat, beeindruckt ihn nicht besonders.

Die Söhne wollen Ballack, Friedrich und Deisler. Deswegen können es nicht die Kinder sein, sondern die Väter, die ihre Söhne auf Ruuudis Fußballschule anmelden. Wahrscheinlich ist das Fußballcamp eine hochgradig tragische Veranstaltung. Abgehalfterte Profis sind den ganzen Tag damit beschäftigt, ihrer gelangweilten minderjährigen und geschichtsvergessenen Kundschaft klar zu machen, wie einzigartig und berühmt sie früher mal waren.

Die Väter sitzen auf der Tribüne und fühlen mit bei Borowka, Kutzop und Gründel. Ihnen geht es nicht anders. Sie sind bei der letzten Neubesetzung des Abteilungsleiterpostens ja auch übergangen worden. Frustrierte Väter und frustrierte Altkicker bilden eine Schicksalsgemeinschaft, müssen dem Nachwuchs aber zugleich das Gefühl von Zukunft, Visionen und Hoffnung vermitteln. Stoff für Dramen.

Mona und Karl dürfen diese Geschichte nie in die Finger bekommen. Sonst muss ich nach Mallorca. Und mich selbst im Urlaub noch mit Fußballvätern herumärgern, die wahrscheinlich noch schlimmer sind als die vom FC. Ich habe die Seiten sehr säuberlich aus dem *Stern* getrennt, zerrissen und ins Klo gespült. Denn Mona angelt Zeitschriften mit Wohn-Specials gerne wieder aus dem Altpapier. Im Inhaltsverzeichnis habe ich an die betreffende Stelle sicherheitshalber einen Kaffeefleck platziert. In Notwehr ist alles erlaubt.

Erster Alles

Neulich samstags waren wir seit langer Zeit mal wieder auf dem Hubertus-Sportplatz. Die Saison war vorbei, und Karl fühlte sich offenbar unausgelastet. Er wollte ein Spiel gegen mich spielen, das er in der Schule gelernt hatte. »Wir machen zwei gegen null«,

sagte er. Dazu bauten wir ein Tor aus Wasserflaschen, kaum einen Meter breit.

Die Regeln waren einfach: Jacken am Rand markierten einen Strafraum vor dem Tor, etwa fünf, sechs Meter breit. Den durften wir nicht betreten. Wir spielten gemeinsam gegen das leere Tor. Torschüsse waren aber nur volley erlaubt. Der Ball war also in der Luft zu halten. Drei Fehlschüsse bedeuteten eine Ecke, drei Ecken einen Elfer zu Gunsten des Tores. Wir führten den Elfer aus, durften aber nicht daneben schießen. Dann hätte es zwei Tore für das Tor gezählt. Ich glaube, ich habe kein Detail des komplexen Regelwerks vergessen.

»Erster alles«, brüllte Karl.

Ich stutzte. »Was heißt das?«, fragte ich.

Karl verdrehte die Augen. »Das weißt du nicht?«

»Nein, mein Sohn, das weiß ich nicht. Erkläre es mir bitte.«

Karl holte Luft: »Erster alles heißt, dass der, der es ruft, jede Aktion als Erster ausführen darf: den ersten Elfer, die erste Ecke, den ersten Einwurf, den ersten Torschuss.«

Meinetwegen.

Das Spiel gestaltete sich etwas mühsam, da Karl sich vor allem darauf konzentrierte, Situationen herbeizuführen, bei denen er sein »Erster alles« ausspielen konnte. Kam die Volleyvorlage von mir nicht ganz blitzsauber, ließ er den Ball passieren, ohne ihn zu berühren. »Nicht angenommen«, gab er dann zu Protokoll, »immer noch Erster alles.«

Nach einer Ewigkeit bequemte sich der Herr Sohn endlich zu seinem ersten Schuss. Knapp verfehlte er das Tor. »Das war kein Torschuss«, erklärte er dann, »also immer noch Erster alles.«

Ich protestierte. »Diese Erster-alles-Regel ist der totale Schwachsinn, wenn immer alles irgendwie das erste Mal ist. Nächstes Mal schießt du auf der anderen Seite vorbei und sagst wieder, dass es kein Torschuss war.«

Karl nickte einsichtig. »Okay, der nächste Schuss zählt auf jeden Fall«, gestand er großmütig zu. Das war immer noch nicht fair, weil er seinen ersten Torschuss bereits gemacht hatte und sich daher einen zweiten erschlichen hatte. Aber okay, ich wollte kein Spielverderber sein.

Tatsächlich, wenig später holte Karl erneut zum Torschuss aus. Und er traf sogar. Ich war erleichtert. Endlich durfte ich auch mal auf das Tor schießen. Doch ich hatte die Rechnung ohne meinen Sohn gemacht.

»Zweiter alles«, krähte er aufgekratzt

»Was soll das denn nun wieder?«, fragte ich.

»Das heißt, dass ich von jeder Aktion die zweite machen darf.«

Ich begann wütend zu werden. »Aber ich bin an der Reihe, verdammt noch mal.«

»Aber nicht, wenn du nicht Zweiter alles sagst«, erklärte Karl.

»Die Regel kannte ich nicht.«

»Dafür erkläre ich sie dir ja jetzt.«

»Und was soll ich jetzt machen?«, fragte ich böse und hilflos.

»Du kannst noch Dritter alles sagen«, meinte Karl großzügig, »das ist noch frei.«

Manchmal werde ich das Gefühl nicht los, dass

mein Sohn mich nur mit auf den Fußballplatz nimmt, weil sonst niemand blöd genug ist, seine bescheuerten Schulhofspielchen mitzumachen.

Wertedebatte

Was dem Normalbürger das Sportabzeichen, ist dem deutschen Intellektuellen die Wertedebatte: eine Freizeitbeschäftigung ohne Sinn, aber auch nicht wirklich nutzlos. Man hat ja immerhin ein bisschen geübt und gezeigt, was man noch so drauf hat.

Neulich hatte ich bei unserem Getränkehändler Yilmaz meine eigene kleine innere Wertedebatte. Von einem Pappschild lachte mich Oliver Bierhoff an. Er forderte mich auf, einen Kasten Bier der Marke *Bitburger* zu kaufen. Das Bier war teurer als andere, aber es bot einen Zusatznutzen. Die Brauerei, so versprach Bierhoff, würde mit dem Geld, das neben seiner Gage noch übrig blieb, überall in deutschen Städten Bolzplätze anlegen, damit Jungen wie Karl nicht immer von ihren Eltern durch die halbe Stadt auf ein Fleckchen umzäunten und borkowitzbewachten Rasens transportiert werden müssten, um zu festgelegten Zeiten gegen einen Ball zu treten.

Früher, als wir nur für den Regenwald tranken oder für Hans Eichel, fiel es leichter, sich über das soziale

Engagement von Brauereien lustig zu machen. Diesmal hatten die Biermacher wirklich einen Punkt getroffen. Erst neulich nämlich hatte ich von einer Studie gelesen, die die wahren Gründe für das dramatisch wachsende Übergewicht vieler Kinder herausgefunden hatte. Der Nachwuchs bewegt sich nicht, weil er den ganzen Nachmittag vor Computer, Fernseher oder Gameboy zubringt. Dies ist aber weniger Schuld der Kinder, sondern vielmehr Wunsch der Eltern. Die nämlich fürchten sich davor, dass ihren Kleinen draußen an der frischen Luft etwas zustoßen könnte: der Verkehr, die Gangs, ein Regenschauer. Einen sicheren Ort in der Nähe ihres Heims gibt es offenbar nicht. Also kaufen die Eltern Gameboy und Playstation und Chips.

So ähnlich ist es bei uns auch. Der einzige Bolzplatz liegt unter Linden und ist von Laub und Blüten so verklebt, dass die Kinder ihn eklig finden. Außerdem hat eine Gang halbwüchsiger Kiffer den Platz zu ihrem Hauptquartier erklärt. Karl und Benni haben genau einmal versucht, dort zu kicken. Aber nicht lange. Sie kamen ohne Ball nach Hause und waren froh, nicht vermöbelt worden zu sein.

So nahm meine private Wertedebatte zwischen Bier, stillem Wasser und Cola light ihren Lauf.

Erstens: Oliver Bierhoff ist ein gelackter Idiot, charismatisch wie eine Parkuhr und völlig unglaubwürdig.

Zweitens: Wenn hier in der Gegend einer dieser

Bierbolzplätze aufmachen würde, wäre Karl hellauf begeistert.

Drittens: Noch nie ist in unserer Gegend ein gesellschaftspolitisches Versprechen angekommen, weder die Ganztagsschule noch die Rechtschreibreform oder die Pflegeversicherung. Warum sollten wir jetzt also dem Bolzplatzversprechen glauben?

Viertens: Anders als die Politik kann es sich eine große Brauerei gar nicht leisten, ein gegebenes Versprechen zu brechen. Darauf achtet die Konkurrenz. Und Bierhoff wäre auch erledigt, wenn sich herausstellte, dass er für einen Fake gemodelt hätte. Die Bierumsätze würden wegbrechen. Politiker dürfen flunkern, Brauereien nicht.

Ich hätte meiner kleinen Wertedebatte jetzt noch den Aspekt hinzufügen können, dass es nicht im Sinne der Demokratie sein kann, wenn die Wirtschaft Aufgaben der Politik übernimmt, aber ich hatte Durst, und Karl sollte kicken, immer und überall. Ich kaufte Bierhoffs Bier. Einen ganzen Kasten.

Bart

Weiß Kevin Kuranyi eigentlich, was er anrichtet? Ahnt er von den Familienkrisen, von Unfrieden und Geschrei, die er in Millionen deutscher Haushalte trägt?

Persönlich kann ich ja verstehen, dass er von seinen kleinen Handicaps ablenken will. Das Lispeln allein wäre nicht so schlimm, käme nicht noch diese Fistelstimme dazu, die ihm eine große Karriere als Synchronsprecher für Disney-Filme beschert hätte.

Sein Image-Berater wird ihm gesagt haben: »Kevin, hör mal gut zu, Kevin.« Daraufhin hat der Kevin sein Ballspiel für einen Moment unterbrochen und versucht, sich ganz aufs Zuhören zu konzentrieren. »Kevin«, hat der Berater gesagt, »Kevin, du brauchst was ganz Individuelles, was Eigenes, dein Markenzeichen, Kevin.« Da hat der Kevin genickt, weil ihm das schlüssig klang.

Aber was? Tattoos waren vergeben, die trug der Handballer Kretzschmar schon. Piercings sind schlecht als Erkennungszeichen, weil sie beim Spiel aus Sicherheitsgründen immer zugeklebt werden müssen. Frisuren sind auch schon weg. Beckham hat den Irokesen untragbar gemacht, Marcelinho färbt sich die belgischen Nationalfarben aufs Haupt, und Jancker spendiert den Fans mit den Bomberjacken die Glatze zur Identifikation.

»Kevin«, hat der Berater da gesagt, »Kevin, du musst dir einen Bart wachsen lassen.« Da hat der Kevin sich gefreut und »Au ja« gesagt.

Doch auch auf dem Bartmarkt war schon so ziemlich jedes Modell verteilt. Dirk Nowitzki trug zeitweise die Unterlippenbürste, Peter Neururer und Erich Rutemöller hatten den Schnauzbart besetzt. Blieb eigentlich nur der Vollbart.

»Wie wär's mit Vollbart, Kevin?«, hat der Berater gefragt. Aber Kevin hat abgewinkt. Seine Freundin mochte keinen Vollbart. »Dann such dir doch eine Freundin, die Vollbart mag«, empfahl der Berater. Doch das wollte der Kevin nicht.

Eines Tages hatte der Kevin eine Idee. Er wünschte sich einen Strichbart, so wie bei dem Rapper, den er auf *MTV* gesehen hatte. *MTV* lag auf Kevins Fernbedienung zwischen *Premiere* und *Eurosport*. *MTV* guckte er immer, wenn gerade weder Fußball noch Klingeltonwerbung lief. »*MTV* ist gut für dich. Das ist *Arte* für Fußballer«, hatte sein Berater gesagt. Das gefiel dem Kevin. Sein Berater war ganz froh, dass der Kevin auf die Strichbartidee gekommen war. Gemeinsam kauften sie einen Langhaarschneider und dachten sich lustige Muster aus.

Seither läuft Kevin Kuranyi mit diesem Bleistiftborstenbart über den Platz, der zwischen Ohr, Mundwinkel und Nase mäandert. Und keiner lacht mehr über seine Stimme. Jetzt lachen alle über seinen Bart. Bis auf die Stuttgarter. Dort findet man solche Bärte cool.

Karl findet solche Bärte leider auch cool. Neulich bekam Mona im Badezimmer einen Schreikrampf. »Karl!«, brüllte sie. Aber der hörte nicht. Er übte im Hof irgendeinen Dribbeltrick und hatte sich dabei die Ohrstöpsel von seinem MP3-Player tief in die Gehörgänge geschoben. Ich eilte zu Hilfe. Mona hielt ein ehemals weißes Handtuch hoch. Es war mit tiefschwarzen Flecken gepunktet. Im Waschbecken lagen die Überreste eines Kajalstiftes. Ich hatte ihn deutlich länger in Erinnerung. »Was fällt diesem Bengel ein«, fauchte Mona, »was hat er wieder angestellt?«

Ich beschwichtigte: »Das hat er bestimmt nicht böse gemeint. Ich hole ihn mal.« Mit wildem Armfuchteln gab ich Karl zu verstehen, dass er bitte mal kommen möge. Er pulte sich die Stöpsel aus den Ohren. Sein Gesicht sah merkwürdig aus. Überall Schmutzränder, so als habe er Negerkussreste mit Kakao zu entfernen versucht. »Sehe ich aus wie Kevin Kuranyi?«, fragte er fröhlich.

»Sehr entfernt. Eher wie ein Komantsche, der nach dem Genuss einer Flasche Feuerwasser versucht hat, sich rasch eine Express-Kriegsbemalung zu verpassen. Du solltest Mama fragen, was ein neuer Kajal kostet und ihn von deinem Taschengeld bezahlen. Oder lass dir irgendwas anderes einfallen, was ihren Zorn ein wenig mildert.«

Karl erschrak. »Hat sie was gemerkt?«

»Es war unmöglich, nichts zu merken. Viel Glück.«

Ich hielt mich da raus. Bestimmte Dinge müssen Mütter und Söhne unter sich klären. Als ich wenig später die Wohnung betrat, kam mir Mona freudestrahlend entgegen und hauchte mir einen Kuss auf die Wange. »Das ist aber nett von euch, dass ihr mich zum Muttertag in die Kosmetikabteilung vom KaDeWe einladet«, jubelte sie.

Gelegentlich neigt mein Sohn dazu, mich absichtlich misszuverstehen.

Das T-Shirt als Medium des kritischen gesellschaftlichen Diskurses

T-Shirts sind wie Fotos. Manche bündeln ein ganzes Leben, andere halten besondere Momente eines Lebens fest, eine einzige Situation, manchmal nur wenige Sekunden. T-Shirts sind die Anker im Meer des Vergessens. Diese baumwollenen Erinnerungsstücke einfach wegzuwerfen, das ist wie Bücher verbrennen – eine Sünde.

Das einzige Problem ist ein räumliches. Traditionalisten kleben ihre Fotos immer noch in Alben ein, modernere Zeitgenossen speichern die Bilder ihres Lebens auf der Festplatte. Platz braucht beides kaum. T-Shirts dagegen kann man nicht einfach digitalisieren und wegspeichern. T-Shirts brauchen Platz, und zwar ausgerechnet dort, wo nie welcher ist: im Kleiderschrank.

Eines meiner ältesten T-Shirts stammt aus Hamburg. »FC St. Pauli« steht darauf, und unter der Schrift liegt ein großer Fußball auf einem Grasbüschel. Das ist alles. Ein Kleidungsstück von minimalistischer Kraft und klarer Aussage. Keines dieser neumodischen Hemdchen, auf denen großmäulig »Weltpokalsiegerbesieger« steht oder einfach nur »Retter«, weil der Träger einem notorisch mittelmäßig gemanagten Klub ein paar Euro geschenkt hat, was er für einen Akt von tiefer Mitmenschlichkeit und Beweis echten Fantums hält.

Der Stoff meines St.-Pauli-T-Shirts ist dick und fest, wie Knastdrillich. Das Bündchen am Hals ist praktisch kaum ausgeleiert, die Farben glänzen wie am ersten Tag. Es ist mindestens 20 Jahre alt. Eine Rarität. Bei E-bay könnte ich ein Vermögen dafür bekommen.

Mona will es jedes Frühjahr wegwerfen, wenn sie sich wie besessen durch meine T-Shirt-Stapel wühlt. Es sind höchstens 30 oder maximal 40, auch wenn Mona behauptet, es seien über 100. Wegwerfen kann man davon kein einziges. Die meisten habe ich schließlich länger als meine Frau.

Oder soll ich das Zeugnis meines einzigen Marathons vernichten? Das Magic-Johnson-T-Shirt aus Los Angeles? Das Hemd mit dem Aeroflot-Emblem? Wile E. Coyote? Oder das Herbie-Hancock-Tour-T-Shirt? Geht nicht. Nicht ein einziges mehr. Letztes Jahr immerhin habe ich das pionierblaue mit dem DDR-Schriftzug im Müll versenkt. So was findet man höchstens noch in München komisch.

Adelige und Großbürger besitzen Siegelringe, Stammbäume, Gemälde, Beistellmöbel oder Schlösser, die sie als Zeugnisse einer jahrhundertealten Familiengeschichte vererben können. Kleinbürgerliche

Familien wie unsere vererben T-Shirts. In denen steckt auch Geschichte. Living History.

Eines Tages wird mein Sohn Karl während einer kleinen Zeremonie mein St.-Pauli-T-Shirt erben. Er wird es in Ehren halten und weitergeben an seinen Sohn. So wird eine Familientradition begründet, auf einer Reliquie, die gleichwohl ein gesellschaftspolitisches Statement darstellt. Vielleicht sollte ich eine passende Vitrine anschaffen, die eine adäquate Aufbewahrung für Jahrhunderte gewährleistet.

Wer sich zu St. Pauli bekennt, hat ein klares Weltbild und zugleich einen unschätzbaren moralischen Vorsprung. Denn St. Pauli, das sind die Verlierer, die Opfer der Gesellschaft, des Systems und natürlich des HSV. St. Pauli ist wie Jesus: linke Wange, rechte Wange und dann noch mal von vorn. Es könnte auch Freiburg sein oder Bochum oder Rotweiß Essen oder 1860.

Aber St. Pauli ist noch eindeutiger: St. Pauli ist links, das letzte Linke in einer Welt, in der nichts sonst mehr links ist. Deswegen war der Sieg gegen die Bayern damals auch so wunderbar, weil er ausbrach aus dem Verlierer-Schema. Es war der eigentlich völlig unmögliche Sieg des Unterlegenen – so als ob die DDR gegen die Bundesrepublik gewonnen hätte.

Natürlich ist das Bier genauso teuer, die Bratwurst genauso schlecht, und das Gekicke ist noch viel erbärmlicher als in allen anderen Stadien der Republik. St. Pauli ist Selbstbestrafung und Asyl zugleich für satte, maulige Großstädter: Seht her, uns geht es nicht um Leistung. Unsere Werte sind andere, höhere. Wir halten zusammen. Wir trinken Bier. Wir sind solidarisch in einer brutalen, globalisierten Welt. Wir trinken Bier. Wir lassen uns nicht allein. Wir trinken Bier, und wir kaufen T-Shirts, auf denen lustige Parolen stehen, als Chiffre für all das, was einsame Männer brauchen, die dem Kapitalismus schon immer skeptisch gegenüberstanden, solange er nicht gerade ein hübsches Sümmchen aufs Konto spülte. Und dann trinken wir Bier.

Karl ist zehn. Er versteht nicht im Mindesten, was den Mythos von St. Pauli ausmacht. Ich verstehe es, ehrlich gesagt, auch nicht. Aber unsere Hamburger Bekannten schwören alle darauf.

»Das ist doch 'ne Loser-Truppe«, sagt Karl verächtlich. Da hat er natürlich nicht ganz Unrecht.

»Aber eine sympathische«, entgegne ich und konfrontiere meinen Sohn mit einer der großen philosophischen Fragen des Lebens. »Lieber erfolglos und nett oder erfolgreich und eklig?«, frage ich ihn.

»Erfolgreich und nett«, erwidert mein Sohn, »so wie Michael Ballack.« Dieser Junge bringt mich zum Verzweifeln. Wann wird er jemals kapieren, dass man Bayern nicht nett findet, nicht nett finden kann, schon aus Prinzip nicht. Höchstens noch Nürnberger, aber die sprechen halt sehr komisch.

»Deine doofen St. Paulis spielen ja nur in der dritten Liga«, giftet Karl, »und du kennst ja nicht mal mehr

Spieler von denen.« Auch da hatte er einen Treffer gelandet. War Volker Ippig noch Torwarttrainer bei denen? Hatte Christian Hinzpeter noch was zu sagen? War nicht Papa Weisener vor einer Weile gestorben? Fegte Tattoo-Theo immer noch am Vormittag nach dem Spiel die Bierbecher von den Rängen?

Und was machte eigentlich Leonardo Manzi, der einzige Brasilianer, der nicht mit dem Ball umgehen konnte und daher geradezu zwangsläufig bei St. Pauli landete? Karl hatte leider Recht. Ich kannte kaum noch einen der Akteure. Es war mir auch egal. Es ging ja auch nicht um den aktuellen Klub und seinen Zustand, sondern um den Mythos.

»Weißt du, was ein Mythos ist?«, fragte ich Karl.

»Pele«, antwortete er. Das war unfair.

Neulich waren wir mal wieder auf einem Turnier, das dankenswerterweise nur über einen Vormittag ging. Außer den üblichen Mannschaften war auch eine Kreuzberger Truppe angetreten: »Venceremos Pusteblume«. Die armen Jungen hörten auf Namen wie Noa-Delphin oder Otto-Armand. Ein Leben als Dauerpatient beim Gesprächstherapeuten war ihnen sicher. Die begleitenden Eltern sahen aus, als hätten sie ihr Lebenswerk in einem Aroma-Gender-Projekt gefunden. Ihre Knirpse hatten sie als RAF-Nachfahren ausstaffiert. Einer trug Che Guevara auf dem Hemd, ein anderer »Cuba Si«, ein weiterer »Vive la Revolución«. T-Shirt-technisch vorn waren allerdings die Zwillinge Josip und Wladimir, die Original-Trikots der palästinensischen Nationalelf trugen. Zu meiner Bestürzung musste ich feststellen, dass zwei der Bengel mit einem St.-Pauli-T-Shirt herumliefen.

Karls Mannschaft hatte das Glück, gleich im ersten Spiel gegen die Kreuzberger Folklore-Truppe antreten zu dürfen, die eine Trainerin hatte, offenbar aus Südamerika. Sie mochte viel von Fußball verstehen, nur leider konnte sie es den Kindern nicht begreiflich machen. Ein paar Nachhilfestunden bei Giovanni Trapattoni hätten nicht geschadet. Schon bei der Mannschaftsaufstellung sorgte sie für Konfusion mit dem Kommando: »Noa-Delphin, musse auf links, mehr Drucke, verstehe, links.« Noa-Delphin nickte artig und lief auf die rechte Spielfeldseite.

Cesar Luis Menotti, legendärer Trainer der argentinischen Nationalmannschaft, hat mal behauptet, es gebe linken und rechten Fußball. Der linke sei der ungehemmte, freudige Kick des Volkes, der nach vorn geht, unbeschwert und dynamisch und risikofreudig. Es ist guter, fröhlicher, revolutionärer Fußball. Der rechte Fußball dagegen ist kalt, berechnend und freudlos, zwingt die Spieler in unmenschliche Systeme, ist gehemmt und geplant, ein Spiel mit systematischer Vernichtungsabsicht.

Die These ist zumindest für Kinderfußball großer Quatsch. Denn Menotti setzt voraus, dass die Spieler den Ball treffen. Und genau dieses gelang den Kreuzberger Buben höchst selten. Sie liefen auch nicht viel. Eher standen sie in Gruppen zusammen und debattierten, während Karl und seine Mannen munter Tor um Tor schossen.

Als der Torwart mit einem Abwehrspieler in ein Fachgespräch vertieft war, schnappte sich mein Göttersohn einfach den Ball und schoss ihn ins leere Tor. Daraufhin fing der Torwart an zu weinen, riss seine Handschuhe, die nach selbstgestrickter Jute aussahen, von den Händen, feuerte sie ins Netz und verließ den Platz. Irritiert unterbrach der Schiedsrichter das Spiel.

Neben mir stand eine Dame mittleren Alters in Holzschuhen und applaudierte wild. »Super Otto-Armand«, rief sie, »ganz große Klasse, wie ihr das Problem miteinander besprochen habt.« Otto-Armand sah aus, als würde er auch gleich heulen. Nach längeren Grundsatzdebatten zwischen Spielern, Eltern und Trainerin war bald eine Lösung für das Torwartproblem gefunden. Es würde ein Rotationssystem geben. Nach jedem Treffer sollte ein anderer Spieler ins Tor.

Das kam geradezu einer Einladung zum Toreschießen gleich. Schließlich wollte jeder das Tor so schnell als möglich verlassen. Und der einfachste Weg war, den Ball einfach ins Netz zu lassen. So führte Karls Mannschaft zur Pause mit 6:0. So hoch hatten sie noch nie vorn gelegen, seit Karl dabei war.

»In welcher Staffel spielen die Pusteblumen denn?«, fragte ich die Mutter von Otto-Armand und versuchte dabei, einen total warmen Ton in meine Stimme zu legen.

»Wir spielen in keiner Staffel«, erklärte sie barsch, »man muss die Kinder ja nicht unbedingt gleich diesem brutalen Leistungsdruck aussetzen.«

Komisch, ich sah die Welt genau anders herum: Je früher Kinder Leistungsdruck erfahren, desto eher haben sie die Chance zu lernen, wie man damit umgeht. Er wird sie schließlich ihr ganzes Leben begleiten, selbst in Gender-Projekten. Aber für diese Debatte erschien mir die Pause entschieden zu kurz.

Das Spiel endete 11:0, was nur der Gnade von Karls Mannschaft zu verdanken war. Denn in der zweiten Halbzeit flohen noch vier weitere Pusteblumen heulend vom Spielfeld in die Arme ihrer total verständnisvollen Eltern. Die verbliebenen Spieler standen verloren auf dem Platz. Die südamerikanische Trainerin fluchte. Otto-Armand heulte.

Seine Mutter versicherte ihm, wie toll sie es fände, dass er seine Gefühle so offen zeigen könne. Mag sein, dass es rechten und linken Fußball gibt. Aber verlässlicher ist die Theorie von erfolgreichem und weniger erfolgreichem Fußball. Und erfolgreicher macht eindeutig mehr Spaß.

Neulich fiel mir mal wieder mein St.-Pauli-T-Shirt in die Hände. Ich habe es zurück in den Schrank gelegt. Ich werde es behalten. Was soll ich Karl mit alten Geschichten behelligen, die ihn nicht interessieren. Er muss seinen Fußball-Geschmack allein entwickeln. Aber wehe, er kommt mit einem Bayern-Hemd nach Hause.

Groupies

Neulich beim Punktspiel gegen Borussia. Ich sitze in der ersten Frühlingssonne und döse vor mich hin. Das hysterische Gebrüll der anderen Eltern höre ich nur noch aus weiter Ferne. Ein Spiel, wie es langweiliger nicht sein könnte. Kaum einmal betritt ein Spieler den gegnerischen Strafraum.

Plötzlich steigt mir ein Hauch quälend süßen Parfüms in die Nase. Ich schlage die Augen auf. Zwei merkwürdige Wesen mit großen, bunten Handtaschen, die sich offenbar nicht ganz sicher sind, ob sie Britney Spears oder Paris Hilton sein wollen, staksen auf viel zu hohen Absätzen vorüber. In 20-Sekunden-Intervallen fahren sie sich durch kunstvoll angerichtete Haarsträhnen. Ihre insbesondere in der Hüftgegend spärliche Bekleidung lässt auf eine baldige Nierenbeckenentzündung schließen.

Sie sind genau in dem Alter, in dem man auf gestandene Männer abfährt. Ich setze mich gerade hin und ziehe den Bauch ein. Sie würdigen mich keines Blickes. An der Eckfahne bohren sie ihre Absätze in den Rasen, fahren sich abwechselnd durch die Haare, zupfen an ihren Klamotten herum und kramen in den Handtaschen nach ihren Handys, um zu prüfen, ob jemand in den 90 Sekunden seit dem letzten Check eine SMS geschickt hat.

Da plötzlich zeigt die Blondere auf den Platz. Sie zeigt direkt auf Karl. Die beiden kichern. Karl hat längst gemerkt, dass sie da sind. Hat er sie bestellt? Was läuft da? Was fällt meinem Sohn ein, mit solchen Personen Kontakt zu haben? Karl winkt ihnen zu. Sie kichern lauter und winken zurück. Eine Weile sortieren sie noch ihre Haare, werfen einen Blick aufs Handy und zupfen an ihren Klamotten herum. Dann ziehen sie die Absätze aus der Grasnarbe und staksen zurück. Sie winken zum Abschied. Und Karl winkt zurück.

»Wer waren denn die beiden Ladys?«, frage ich Karl, als er aus der Kabine kommt.

»Ella und Lea aus der siebten Klasse. Die wohnen hier irgendwo und wollten wissen, wann ich das nächste Mal spiele. Die stehen auf Fußballer.«

Ich dachte nach. Hatten Mädchen mit zwölf Jahren nichts Besseres zu tun, als einige Minuten auf einem Fußballplatz herumzustehen. Cello üben zum Beispiel. Oder im Haushalt helfen. Warum stellen sie meinem deutlich jüngeren Sohn nach?

»Schreiben sie dir kleine Briefchen?«

»Das geht dich gar nichts an. Außerdem schicken wir uns SMS.«

Aha, mein Herr Sohn, der frühe Gigolo. »Zu deinem nächsten Geburtstag schenke ich dir Autogrammkarten.«

Es war ironisch gemeint. Das war Karl egal. Er fiel mir jubelnd um den Hals: »Au ja, Paps.«

Wilde Kerle

In Karls Klasse gibt es zwei Sorten von Jungs. Die einen sind eher drahtig, spielen viel Fußball, und zwar meistens im Verein. Ihre Noten sind überwiegend bedenklich, ihr Umgangston ist durchweg unverschämt, ihre Schuhe immer abgewetzt und die Köpfe verstrubbelt, was entweder an Altgelbeständen liegt oder daran, dass sie zu viel frisches nachgelegt haben.

Diese Jungen sind die Stars der Klasse. Sie füllen jeden Montag spielend drei Pausen mit Erzählungen von ihren Heldentaten beim Punktespiel am Wochenende, von blutrünstigen Fouls, eleganten Fallrückziehern, von dämlichen Schiedsrichtern und Toren in der allerletzten Minute aus mindestens 100 Metern Entfernung.

Einige dieser Erzählungen, von Karl bei der Weitergabe an uns noch phantasiereich ausgeschmückt, weisen allerdings frappierende Ähnlichkeiten mit Begebenheiten aus der *Sportschau* oder den Wochenend-Epen aus der *Bild am Sonntag* auf. Offenbar vermischten sich hier Erlebtes, Gesehenes, Gedachtes und Gewünschtes zu einem großen bunten Knäuel.

Der andere männliche Teil der Klasse ist untersetzt, hat einen eigenen Computer, kann aber mit dem Ball wenig anfangen. Diese Knaben tragen sündhaft teure Sportschuhe, die auch nach einem Vierteljahr noch wie neu aussehen. In Ermangelung eigener Erfahrungen tummeln sich diese Jungs in fußballerischen Ersatzwelten. Die eine stammt aus dem Rechner, wo Spiele wie *Bundesliga-Manager* den Eindruck von Macht erzeugen. Die Kinder kaufen sich dort für viele Millionen ihre Stars zusammen, die sie dann aufeinander hetzen. Atemlos sitzen sie am Bildschirm, eine Hand in der Chipstüte, die andere am Joystick, und verfolgen schlecht gezeichnete Männchen, die einem Ball nachjagen. Hinterher sind sie ganz erschöpft. Aber: Immerhin fühlen sie sich mindestens so bedeutsam wie die Maulhelden aus ihrer Klasse.

Die zweite Ersatzwelt sind *Die Wilden Kerle*. Zielgruppengenau wurden zwei schwache Kino-Filme mit dem dazugehörigen Merchandising-Schnickschnack exakt auf jene Kinder ausgerichtet, die noch nie in einem Fußballverein waren, dort auch nie eine Chance hätten, aber trotzdem das Gefühl haben möchten, dabei zu sein. *Die Wilden Kerle* sind eine Fußballmannschaft, so ausgedacht und lebensfern wie die *Traumschiff*-Besatzung. Und deswegen so erfolgreich.

Die Wilden Kerle sind so wild wie Nutella-Weißbrot und so sehr Kerl wie Tommi bei Pipi Langstrumpf.

Mütter, die *Psychologie heute* lesen, und Väter, die wie etwa 300 000 andere Deutsche um die 50 behaupten, sie seien mit Andreas Baader in eine Klasse gegangen, wünschen sich ihre Heranwachsenden so: mit total crazy bikes, aber echt sozial eingestellt, ein Stück weit verletzlich, aber immer gut geföhnt. Manchmal tragen sie als dritten Namen »Winnetou« oder »Baby Bell«. Und kicken können sie auch nicht.

Natürlich bin ich mit Karl ins Kino gegangen, um *Die Wilden Kerle II* zu sehen. Es war grausam. Die ganze Familie Ochsenknecht spielte mit. Offenbar haben die Söhne vom Vater das Talent geerbt, einen ganzen Film mit einem einzigen Gesichtsausdruck zu bestreiten. Um Fußball ging es auch kaum, sondern mehr um Eisessen, und das Wildeste war, dass die Knaben immer wieder ausriefen, wie wild sie doch seien.

Karl war bitter enttäuscht. Er hatte auf einige Anregungen gehofft, zum Beispiel geheime Tricks der Ballbehandlung oder Kniffe für die psychologische Kriegsführung gegen Trainer, die einem den Stammplatz verweigern. Doch nichts davon. Einfach nur ein schlechter, langweiliger Film mit adäquatem Publikum: untersetzte Jungs mit Computerspielgesichtern.

Klar, dass richtige Kicker so einen Quatsch gar nicht erst gucken. Das fiel Karl aber erst am Ende des Films ein – und bescherte mir ein wunderbares neues Druckmittel, das ich gleich am Abend das erste Mal einsetzte. »Wenn du die Spülmaschine nicht sofort ausräumst, dann erzähle ich Trainer Dieter und der ganzen Mannschaft, dass du ein großer Fan von den *Wilden Kerlen* bist.«

Es klappte vorzüglich. So schnell war das Geschirr noch nie im Schrank.

Elektrolyte

Unser Getränkehändler Yilmaz ist eigentlich ein netter Kerl. Oft rundet er den Rechnungsbetrag ab, manchmal schenkt er mir ein Bierglas oder Karl einen Spielzeuglaster, auf dem »Weihenstephan« steht.

Manchmal allerdings mischt er sich auch in Gespräche von höchster familiendynamischer Brisanz ein, nur weil sie zufällig in seinem Laden stattfinden. Gespräche, die ihn definitiv nichts angehen und deren tiefere Bedeutung er überhaupt nicht erfassen kann, weil er die Debatten, die vorausgingen, nicht kennt, zu seinem Glück. Ohne es zu ahnen, setzt er damit die deutsch-türkischen Beziehungen einer gewaltigen Zerreißprobe aus. Der Profiteur heißt Karl: Mein Sohn nutzt diese unübersichtliche Gemengelage mit dem Instinkt eines Torjägers eiskalt aus.

Immer, wenn wir Getränke holen gehen, spielt sich dieselbe Szene ab. Geduldig stelle ich das Sortiment für unsere Familie zusammen, die sich durch ausgesprochen individuelle Trinkbedürfnisse auszeichnet. Wasser mit reduziertem Kohlensäuregehalt und wenig Natrium für Mona, dazu drei Flaschen Wellness-Gemüsesaft mit extra Vitaminen und Q-Enzymen, ein Kasten Bier, halb mit, halb ohne Alkohol und noch fünf Flaschen kalorienarmer Orangenbrause sowie fünf Flaschen Apfelschorle für Karl.

Die Zusammenstellung erfolgt nach streng wissenschaftlichen Kriterien. Denn Mona ist Ernährungsexpertin. Jedes halbe Jahr beglückt sie uns mit noch neueren Erkenntnissen aus irgendwelchen Frauenzeitschriften, die meistens anfangen mit den Worten »Amerikanische Wissenschaftler haben festgestellt, ...«.

Derzeit taumeln wir in der GLYX-Spirale. GLYX kommt aus Kalifornien und bedeutet im Prinzip, dass nicht das jahrzehntelang geächtete Fett uns dick werden lässt, also Butter, Fritten und Bratwurst, sondern vielmehr die Kohlehydrate, jene nahrhaften Bestandteile jeder Mahlzeit, die früher im Osten »Sättigungsbeilage« hießen und in Gestalt von Kartoffeln, Nudeln, Reis oder auch Brot daherkommen. Seit Ewigkeiten ruhte unsere Ernährungspyramide auf eben diesen Grundnahrungsmitteln.

Mona sagt, Kohlehydrate sind Gift für den Körper, es sei denn, man jagt stundenlang seinem Abendbrot hinterher und schleift es dann über viele Kilometer zurück in die Höhle. Doch im Zeitalter von Internet-Shopping und Lieferservice sind derart energieintensive Nahrungsbeschaffungsmaßnahmen eher selten. Wie ein Auto, das jeden Tag nur einen Kilometer fährt, aber immer 50 Liter tankt und den Überschuss speichert, leiden wir chronisch an einem Zuviel unverbrannter Kohlehydrate. Und deswegen hat uns Mona Kohlehydrate verboten.

Ich habe den Auftrag, Karls Kohlehydrathaushalt zu überwachen. Dabei geht es vor allem um Getränke. Denn die bergen Unmengen an Kohlehydraten in Form von Zucker. Und jetzt kommt Yilmaz ins Spiel, dem nichts auf der Welt egaler ist als GLYX.

Während ich also liebevoll unsere Wochenration an Low-Carb-Drinks zusammensuche, lungert Karl ausgerechnet vor jenem Regal herum, in dem sich die so genannten Sportgetränke türmen. Rein ökonomisch betrachtet, muss man dem Erfinder des Elektrolyt-Getränks die allertiefste Verehrung aussprechen: Für einen halben Liter schlecht gefärbten, mit Wasser, Salz und Kalium versetzten Wassers, das schmeckt wie die Urinprobe eines zuckerkranken Ackergauls, einen Preis zu verlangen, für den man die gleiche Menge ordentlichen Landweins bekäme, das ist nicht nur dreist, das ist genial.

Weil der Inhalt der immer gleiche langweilige ist, läuft der Absatz ausschließlich über neue Farben und Verpackungen, ähnlich wie bei Duschgels. Was sich geschäftlich als großer Erfolg erweist, muss ich als Vater mit Abscheu und Empörung zurückweisen. Schon deshalb, weil mein Sohn regelmäßig Opfer dieser Geschäftspraktiken wird.

Karl hat eben noch keinen Sinn für die weite Welt

der Ökonomie. Er steht einfach nur vor dem Kühlregal und starrt auf die Farben. Das Rot ist nicht rot, sondern atompilzrot, das Gelb nicht gelb, sondern plutoniumgelb, das Blau nicht blau, sondern endlagerblau. Karl starrt absichtlich besonders lange auf die psychedelischen Farben, damit Yilmaz ihn dort stehen sieht. Das ist Teil seines abgefeimten Planes.

»Du, Papa, darf ich Elektrolyte«, fragt das Kind dann plötzlich unschuldig und zuckersüß.

»Heute nicht«, sage ich knapp und erwarte, dass die Verhandlung damit beendet ist. »Du bekommst ja Apfelschorle, und da sind auch Elektrolyte drin, sogar viel mehr«, füge ich noch hinzu.

»Aber es steht nicht drauf«, sagt Karl, natürlich in einer Lautstärke, die nicht für mich, sondern für Yilmaz bestimmt ist.

»Elektrolyt« ist ein tückisches Wort. Kinder glauben wahrscheinlich, dass es etwas mit Strom zu tun hat, mit Energie. Ein solches Getränk betrachten sie als eine Art Batterie, die den Körper wieder auflädt, etwas grundsätzlich Gesundes also, wobei die Werbung ja auch kräftig mithilft.

Erwachsene dagegen sehen in den giftfarbenen Flaschen alles schwappen, wovor uns *Ökotest* schon immer gewarnt hat, plus gemeiner Kohlehydrate. Zahlreiche Untersuchungen von Sportgetränken haben uns zudem gelehrt, dass die Elektrolyt-Drinks nur einem nutzen, nämlich ihrem Hersteller. Die Inhaltsstoffe können es kaum mit einer viertel Multivitamintablette aufnehmen. Aber die Vernunft hat keine Chance.

»Och, bitte, Papa, ich hatte schon so lange keins mehr. Ich trinke es auch erst morgen, beim Training.«

Aha, jetzt kommen wir zum wirklich entscheidenden Punkt: der Getränkewettbewerb beim Fußball. Wer mit einer Flasche selbst gemixter Apfelschorle kommt, ist gesellschaftlich erledigt; nur eine Aluflasche mit Janosch-Motiv rangiert noch darunter. »Was haben die anderen denn zu Trinken dabei?«, frage ich.

»Alle Elektrolyte.«

Letztendlich ist es mir völlig egal, was mein Sohn trinkt. Millionen Kinder trinken jeden Tag Milliarden von Flaschen mit diesem Zeug und nicht alle werden Schwerverbrecher, übergewichtig oder Taxifahrer. Das Problem ist nur: Wie erkläre ich es Mona?

»Mit einer Flasche Apfelschorle bist du eben was ganz Besonderes«, sage ich, obwohl ich die Antwort schon kenne.

»Ich will nichts Besonderes sein.«

Das Gespräch steuert auf jenen unvermeidlichen Punkt zu, an dem einer von uns garantiert sehr schlechte Laune haben wird. Entweder werde ich heute von meiner Gattin gemobbt oder Karl morgen beim Training. Kein Runder Tisch könnte je eine Lösung finden.

Und genau in diesem hochheiklen Moment schaltet sich Yilmaz ein. »Lass den Jungen doch«, sagt er in diesem verdammten hyperverständnisvollen Ton, der mir umgehend das Gefühl gibt, das hinterletzte Vaterschwein auf diesem Planeten zu sein, »das schadet ihm doch nichts.« Karl blickt erwartungsvoll auf. Er weiß, dass sein Plan aufgehen wird. Woher hat das Kind nur so viel Durchtriebenheit? Was dem Kind schadet oder nicht, das entscheide noch immer ich. Außerdem werde ich von meiner Gattin angefaucht.

»Es nützt aber auch nichts«, sage ich ruhig.

»Bier nützt auch nichts«, sagt Yilmaz. »Komm Karl, ich schenk dir eine Flasche.«

Jetzt haben wir den Augenblick erreicht, an dem ich mich zusammenreißen muss, um nicht einen ausländerfeindlichen Gedanken zu denken. »Yilmaz«, sage ich mit multikulturellem Wärmeton, »es geht nicht darum, dass wir das Zeug nicht bezahlen können.«

Yilmaz lacht. »Dann ist ja gut«, sagt er, »dann kauft ihr eine Flasche, und ich schenk euch eine – habt ihr zwei.«

Das wird ja immer doller. Jetzt haben wir schon die doppelte Menge einer Substanz, die wir überhaupt nicht haben wollten. »Super«, ruft Karl auch schon, ohne meine Erwiderung abzuwarten, »ich nehme blau und grün.« Er schnappt sich zwei der Plastikflaschen und läuft aus dem Laden.

Yilmaz lächelt das gütige Kinderversteher-Lächeln. »Lass sie doch«, sagt er, »sind Kinder.«

Ich zahle schweigend und schwöre Yilmaz ewigen Boykott, obgleich ich weiß, dass der Vorsatz maximal bis zur nächsten Woche halten wird.

Zu Hause erwartet mich schon der böse Blick. »Euch kann man nicht zehn Minuten allein lassen, ohne dass ihr euch irgendwo Kohlehydrate besorgt«, sagt Mona im Ton einer Mutter, die ihre Kinder gerade gestellt hat, als sie vom Dealer kommen. »Yilmaz hat gesagt, dass die Elektrolyt-Getränke nur ganz wenig Kohlehydrate haben«, erkläre ich matt.

Hinter Monas Rücken reckt Karl die beiden Giftflaschen triumphierend in die Höhe. Ich werde ihm heute Nacht Rizinus reinmischen.

Ehrensache

Warum Fußball? Warum mein Sohn? Warum konnte er nicht ein ehrenwerter Handballer werden? Ein stolzer Leichtathlet? Wenn Sportarten Getränke wären, dann wäre Fußball das Dosenbier, warm, aber mit doppeltem Alkoholgehalt.

Vielleicht lag es auch an mir. Karl hat ein brillantes Gedächtnis. Manchmal speichert er Dinge ab, die für mich nichts bedeuten, für ihn aber einen Pfosten auf dem weiten Rasen des Lernens und Erkennens. Manchmal beginnt er Sätze mit »Papa, weißt du noch«, und erzählt dann irgendeine uralte Geschichte, weil er sie für eine Heldentat hält. Zum Beispiel von diesem Typen, der sich vor vielen Jahren mal mit mir schlagen wollte.

Das war vor ungefähr 100 Jahren, Karl konnte noch kaum laufen, und nicht ich wollte diesem hergelaufenen Heini eine kleben, weil er mich in der Fußgängerzone rüde gerempelt hatte, sondern er mir. Da ich im Nahkampf nicht stark bin, habe ich eine alte List angewendet und dem aggressiven Kerl nur zugeraunt: »Pass auf, ich hab den schwarzen Gurt im Kickboxen. Das muss ich dir aus versicherungstechnischen Gründen mitteilen, bevor ich dich ins Koma prügele. Wenn du trotzdem deine Mäusefaust gegen mich erhebst, wird deine Kasse nicht zahlen fürs neue Gebiss.« Zum Glück hat er es geglaubt und ist abgezogen. Ich habe diesen Vorgang verdrängt, aber Karl ist bis heute davon beeindruckt, wie rasch ich einen gemeinen Menschen in die Flucht schlagen konnte.

Einen ähnlich eindrucksvollen Vorgang für Karl gab es bei der letzten EM in Portugal. Und aus dem schien er seine Wertschätzung für alles, was mit Fußball zu tun hatte, abzuleiten. »Papa, weißt du noch, wie wir die letzten Bilder besorgt haben?«

Wir hatten ein Panini-Album gekauft, für etwa 500 Klebebilder. Das Album kostete 50 Cent, das war günstig. Acht Bilder in einer Tüte kosteten auch 50 Cent. 100 Tüten, das waren 800 Bilder für 50 Euro, verteilt über drei Monate vor der EM plus die vier Wochen Turnier – das erschien mir ein vertretbarer Aufwand für ein Vater-Sohn-Projekt, an das sich beide für den Rest ihres Lebens erinnern würden.

Leider ging die Rechnung nicht auf. Die Hälfte der Ikönchen hatten wir schnell beisammen. Zuerst war irgendein fußballerischer und auch sonstiger Zwergstaat komplett, Österreich, glaube ich. (Oder haben die gar nicht mitgespielt?) Das nächste Viertel erwies sich als schwieriger. Und die letzten 50 als unmöglich.

Wir kauften nicht 100, sondern geschätzte 300 Tüten. Und noch einmal dieselbe Menge heimlich.

Wir waren irre geworden, und die Krankheit hatte sich sogar auf unsere Haushaltsvorständin übertragen. Mona, die das Spiel von Anfang an boykottiert hatte, entwickelte Mitleid wie Sammlerfieber und erwarb am Kiosk mit jeder Zeitung auch noch drei Tüten.

Blitzartig hatte Karl jede Neuerwerbung gescannt. »Ham wer schon«, sagte er nur, »ham wer auch schon«, und auch beim letzten Bild aus vier Tüten hieß es: »Den auch.« Wieder 32 neue Doppelte. Natürlich hatten wir diese Bilder nicht doppelt, sondern vier-, fünf-, achtfach. Einen Verteidiger aus Paraguay hatten wir elfmal, einen schwedischen Auswechseltorwart auch.

Wir waren verweifelt. Fußballklebebilder im Wert eines guten Anzugs flogen durch die Wohnung. Was wir anfangs säuberlich nach Zahlen geordnet hatten, stapelte sich in einem Schuhkarton. Die Schule war komplett abgetauscht, die Nachbarschaft auch. Niemand wollte unsere Doppelten haben. Und wir konnten auch nichts brauchen von Leuten in einem Umkreis von 20 Kilometern. Die meisten Bekannten hatten irgendwann aufgegeben und sich der Fußballübertragung im TV zugewandt.

Die Stapel bunter Bildchen, die wir einst als Wert betrachtet hatten, wurden uns peinlich. Wahrscheinlich geht es Millionen Haushalten auf der ganzen Welt vor internationalen Turnieren so – alle haben ein Panini-Problem. Und die Familie Panini lässt sich gerade grinsend noch eine Champagner-Badewanne ein auf ihrer 60-Meter-Yacht im Mittelmeer.

Karl hatte die Jagd längst eingestellt und guckte Fußball. Ich aber wollte das Album mit allen Bildern. Da gibt man ein Vermögen aus, dann soll das Ding auch komplett sein. Karl zuckte die Schultern. Er kannte jeden Einzelnen der fehlenden Spieler und wusste alles: Verein, Größe, Alter. Die Bilder hatten wir trotzdem nicht.

Letzte Rettung Internet. Ich googelte »Panini tauschen«. Tatsächlich. Ich war nicht allein. Endlose Zahlenkolonnen: »Habe/Biete«. Zwei Nächte saß ich mit dem Schuhkarton vor dem Rechner und glich Zahlen ab. Bei sechs Familienvätern, unter anderem aus Velbert, aus Calw und aus Zeitz,die offenbar das exakt gleiche Schicksal durchmachten, wurde ich fündig: Ich besaß Nummern, die sie brauchten, und umgekehrt.

Wahrscheinlich verkauft Panini in Ost- und Südwest andere Tütenkompositionen als in Berlin. Überall sind andere Spieler rar. Russen, die in Zeitz hoch im Kurs stehen, hat Calw. Dafür hat Zeitz irgendwen, der in Stuttgart spielt. Wahrscheinlich war es Enrico Panini, der dieses weltweite Mangelsystem entwickelt hatte. Jede Tüte wurde strikt nach einer Computervorgabe gefüllt. Und der Witz war, dass in jedem Winkel der Erde etwas fehlte. Aber nie dasselbe.

Wie nun aber den Austausch organisieren? Es handelte sich schließlich um immense Wertsachen. Was, wenn wir treuen Glaubens unsere Bilder nach Calw schickten, aber Monate vergebens auf den Brief von dort warteten. Konnte man Calwern trauen? Und wie verhielt es sich mit Velbertern? Und Zeitzern erst?

Der Mann aus Velbert machte einen absurden Vorschlag: »Wir stecken beide morgen früh die Bilder in einen Umschlag und werfen sie in den Briefkasten«, schlug er per Mail vor. »Aber ich habe nur zwölf, die Sie brauchen, Sie aber vierzehn, die ich brauche«, antwortete ich, um Zeit zu gewinnen. Mir war der Vorschlag in seiner ganzen vertrauensseligen Offenheit nicht geheuer. Wahrscheinlich füllte sich dieser Mensch seit 1954 jedes Panini-Album umsonst auf diese Art. Oder es war Enrico Panini persönlich, der meine Sammlung schwächen wollte, um mich zum Kauf weiterer hundert Tüten zu animieren.

Immerhin: Er schickte gleich seine Adresse mit. Kein Postfach. »Einschreiben?«, fragte ich.

»Und was ist, wenn es die Post trotzdem verliert«, fragte er zurück. »Die besorgen uns bestimmt nicht die Bilder, die drin waren, sondern geben uns den Materialwert. Und das ist nicht mal ein Euro.«

Er hatte Recht. Ich suchte die zwölf Bilder heraus, steckte sie in einen Umschlag, frankierte, adressierte, warf ihn am Montag ein, betete.

Tatsächlich: Am Dienstag kam ein Brief aus Velbert. Vierzehn Bilder. Erstklassiger Zustand. Er hatte unsere auch bekommen. Wir bedankten uns herzlich.

Spürten unserer tiefen Freundschaft nach. Noch am selben Abend verabredete ich mit Calw und Zeitz das gleiche Vorgehen. Es klappte. In tiefer Not werden die Menschen ehrlich.

Voller Inbrunst klebte Karl die letzten Bilder ein. Manches sogar gerade. Mein Sohn war hingerissen. Der gemeinsame Stolz auf dieses Gemeinschaftswerk wird uns ein Leben lang bleiben. Weil Fußballfreunde ehrlich sind. Und großzügig. Sie schicken Unbezahlbares einfach so an wildfremde Menschen. Sie vertrauen auf das Gute im Fußball-Kosmos. Sie sind einfach gute Menschen.

Dank

Ach, Ingo Andert, was hätte ich ohne dich gemacht? Wahrscheinlich etwas Sinnvolles. Am Sonntagmorgen einfach mal ausgeschlafen. Oder ein Buch gelesen. Jetzt habe ich eins geschrieben. Und du, Ingo, warst von Anfang an dabei. Hast meinen Sohn in die Fußballschuhe gelockt und mich auf Mini-Turniere in strömendem Regen. Hast den Text von Beckenbauers Rap »Echte Freunde« aufgetrieben, obwohl wir ihn dann gar nicht brauchten. Hast Karten für Deutschland – Brasilien besorgt und mich in eine illegale Wettrunde gelockt, in der ich immer zahle und du immer gewinnst. Nebenbei hast du mir das Land und all seine Probleme am Beispiel einer E-Jugend-Mannschaft erklärt. Du warst mein Scout in der grünen Hölle namens Fußball. Dafür einen freundschaftlichen Dank.

Meine liebe Mona, die du genauso wenig Mona heißt wie Karl Karl. Wenn ich es richtig betrachte, musst du dich bedanken, bei Karl und mir. Weil wir ganze Wochenenden auf irgendwelchen Fußballplätzen herumlungerten und du Zeit hattest für dich, zum Ausschlafen und Bücherlesen. Andererseits sind Karl und ich dir dennoch ewigen Dank schuldig, allein schon für die Käsebrote mit den kunstvoll ausgesägten Tomatenscheiben, die du uns zur *Sportschau* serviert hast, für deine Verbände, die fast nie verrutschten, für Hektoliter heißen Badewassers mit vitalisierenden, muskellockernden Essenzen, für deine Geduld mit zwei, inzwischen drei jungen Männern, die es ohne dich so nicht gäbe. Und vor allem für dein heldenhaftes Schweigen bei Fußball-Länderspielen.

Zum Autor

Hajo Schumacher, Jahrgang 1964, studierte Journalistik, Politologie und Psychologie. Am Beginn seiner journalistischen Laufbahn hat er für die *Münstersche Zeitung*, die *Süddeutsche Zeitung* und den *Spiegel* als Sportreporter gearbeitet und dabei vom Dorf- bis zum Bundesligakick unzählige Spiele verfolgt. Sein größter Coup: Der ehemalige Bayern-Stürmer Jürgen Wegmann, Kampfname »die Kobra«, diktierte ihm den legendären Satz in den Block: »Da fehlte nicht nur Glück, da kam auch Pech dazu.«

Schumacher arbeitete von 1990 bis 2000 beim *Spiegel*, zuletzt als Co-Leiter des Berliner Büros. Von 2000 bis 2002 war er Chefredakteur der Zeitschrift *Max*.

Veröffentlichungen: neben zahlreichen Zeitungs- und Zeitschriftenartikeln die Bücher *Roland Koch. Verehrt und verachtet* (S. Fischer 2004) und *Kopf hoch, Deutschland. Optimistische Geschichten aus einer verzagten Republik* (Blessing 2005).

Hajo Schumacher lebt als freier Autor mit seiner Frau und seinen beiden Söhnen in Berlin.